UN CASO PARA TI Y EL

EQUIPO TIGRE

NINJAS EN LA OSCURIDAD

Una serie de novelas policíacas de

THOMAS C. BREZINA

Ilustraciones de

NAOMI FEARN

sm

www.literaturasm.com

Dirección editorial: Elsa Aguiar
Coordinación editorial: Xohana Bastida

Texto: Thomas C. Brezina (www.thomasbrezina.com)
Ilustraciones de cubierta e interiores: Naomi Fearn
Ilustraciones de las páginas 142-148: Lorna Egan
Diseño de cubierta: hilden_design, Múnich
Traducción del alemán: María Teresa Marcos Bermejo

Publicado originalmente en alemán
por EGMONT Verlagsgesellschaften mbH, SchneiderBuch, Colonia
www.schneiderbuch.de

Título de la edición original: *Ein Fall für dich und das Tiger-Team: Die Nacht der Ninjas*

Impresores, 2
Urbanización Prado del Espino
28660 Boadilla del Monte (Madrid)
www.grupo-sm.com

ATENCIÓN AL CLIENTE
Tel.: 902 121 323
Fax: 902 241 222
e-mail: clientes@grupo-sm.com

ISBN: 978-84-675-6161-6
Depósito legal: M-10135-2013
Impreso en la UE / *Printed in EU*

UN CASO PARA TI Y EL

EQUIPO TIGRE

NINJAS EN LA OSCURIDAD

Una serie de novelas policíacas de

THOMAS C. BREZINA

Ilustraciones de

NAOMI FEARN

sm

www.literaturasm.com

Dirección editorial: Elsa Aguiar
Coordinación editorial: Xohana Bastida

Texto: Thomas C. Brezina (www.thomasbrezina.com)
Ilustraciones de cubierta e interiores: Naomi Fearn
Ilustraciones de las páginas 142-148: Lorna Egan
Diseño de cubierta: hilden_design, Múnich
Traducción del alemán: María Teresa Marcos Bermejo

Publicado originalmente en alemán
por EGMONT Verlagsgesellschaften mbH, SchneiderBuch, Colonia
www.schneiderbuch.de

Título de la edición original: *Ein Fall für dich und das Tiger-Team: Die Nacht der Ninjas*

Impresores, 2
Urbanización Prado del Espino
28660 Boadilla del Monte (Madrid)
www.grupo-sm.com

ATENCIÓN AL CLIENTE
Tel.: 902 121 323
Fax: 902 241 222
e-mail: clientes@grupo-sm.com

ISBN: 978-84-675-6161-6
Depósito legal: M-10135-2013
Impreso en la UE / *Printed in EU*

¡ÚNETE AL EQUIPO TIGRE!

NOMBRE:

PATRICK. FUERTE COMO UN TIGRE.

PUNTOS FUERTES:

ANTES ESTABA RELLENO, PERO HOY TENGO MÚSCULOS. ME GUSTAN EL FÚTBOL Y EL ATLETISMO, Y SIEMPRE ESTOY DISPUESTO A ECHARME UNAS RISAS CUANDO SE PRESENTA LA OCASIÓN.

MAYOR PROBLEMA:

NO SIEMPRE SOY
TAN VALIENTE
COMO PRETENDO.

ME MOLA:

LOS RECREOS,
MI CONEJO BENNY,
SALTAR
CON PARACAÍDAS,
LA PIZZA,
EL TÉ HELADO,
LOS CHISTES
Y LAS BROMAS.

ME SACA DE QUICIO:

LAS TRAMPAS
Y LOS PLASTAS.

LEMA:

¡A POR ELLOS!

NOMBRE:

BIGGI (EN REALIDAD ES BIRGIT).
VELOZ COMO UN TIGRE.

PUNTOS FUERTES:

COLECCIONO DE TODO
Y ME GUSTA TOMAR LA INICIATIVA.
A VECES, LOS CHICOS SON
UNOS PASMADOS (Y NO DIGO MÁS).
TAMBIÉN ME GUSTA
EJERCITAR LA MEMORIA.

MAYOR PROBLEMA:

SEGÚN PATRICK Y LUK,
SOY UNA CABEZOTA.
¡PERO TAMBIÉN LO SON
LOS RINOCERONTES
Y LOS ELEFANTES!

ME MOLA:

LA ROPA, EL HELADO DE AVELLANA,
COCINAR COSAS RICAS, LOS CABALLOS,
BAILAR, LLEVAR SIEMPRE ALGO
DE COMIDA ENCIMA.

ME SACA DE QUICIO:

LOS CHICOS PASMADOS, LOS QUEJICAS,
LAS VACACIONES DEMASIADO CORTAS,
LOS MAYORES QUE NO ME TOMAN
EN SERIO.

LEMA:

¡SIN ESFUERZO, PERO CON FUERZA!

Y ahora, la primera pregunta para ti: ¿En qué ventana encuentras los prismáticos?

Encontrarás un montón de consejos y casos para entrenarte a partir de la página 141.

No olvides apuntarte un tanto por cada respuesta correcta en la ficha del caso (que encontrarás en la página 140).

Y ahora... ¡en marcha!

IMPORTANTE

Encuentra las pistas y resuelve las preguntas del Equipo Tigre. Para comprobar tus respuestas, coloca el descodificador sobre el recuadro gris y deslízalo lentamente.

Prueba aquí mismo:

A veces, el descodificador también resulta útil para buscar. Cuando veas ilustraciones con

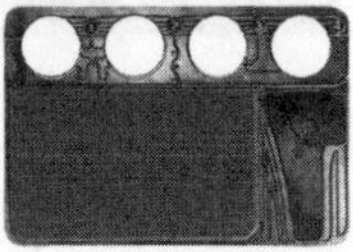

este símbolo, coloca el descodificador de manera que su lado derecho coincida con el del descodificador dibujado y deslízalo hacia abajo. ¿En qué ventana aparece lo que buscas? ¿Y dónde: arriba, abajo o en medio de la ilustración?

Cuando acabó, intentó abrir la puerta y vio que el pestillo se había enganchado. Agarró el picaporte con ambas manos y lo sacudió enérgicamente, pero no consiguió nada.

Luk empezó a sudar por todos los poros. Tiró con todas sus fuerzas, pero la puerta no se movía. Y como el baño era más bien antiguo, las paredes iban del suelo al techo, de modo que no podía salir por arriba ni por debajo de los tabiques.

De pronto se le ocurrió una idea. ¿Cómo no lo habría pensado antes? Rebuscó en su maletín de especialista, que siempre llevaba consigo, y sacó el móvil que le había regalado su abuelo. Pero cuando lo encendió se dio cuenta de que no le serviría de nada: no solo se había quedado sin crédito el día anterior, sino que también se había agotado la batería.

¡Se había equivocado de puerta!

Pero estaba tan apurado que no le importaba...

Desesperado, empezó a aporrear la puerta mientras pedía ayuda a gritos. Miró su reloj deportivo y contempló con horror cómo avanzaban las manecillas. Ya eran las diez y diez. El centro comercial estaba cerrado, y todo el mundo se habría ido a su casa.

Luk estaba atrapado. Pensó que tendría que pasarse toda la noche metido en aquel cuchitril y le entró el pánico. Su peor pesadilla se había hecho realidad.

Para colmo, la luz se había ido hacía unos minutos. Debía de haber un temporizador que cortaba la electricidad de los baños durante las horas de cierre del comercio.

Con un suspiro de impotencia, el tigre se sentó en la tapa del váter.

¿Qué podía hacer?

De pronto, un resplandor se coló por debajo de la puerta y Luk oyó voces junto a los lavabos. Se dio cuenta de que los que hablaban eran dos hombres, pero no entendía ni una palabra de lo que decían. Estaba a punto de llamarles cuando se contuvo.

¿Qué es lo que ha llamado la atención de Luk?

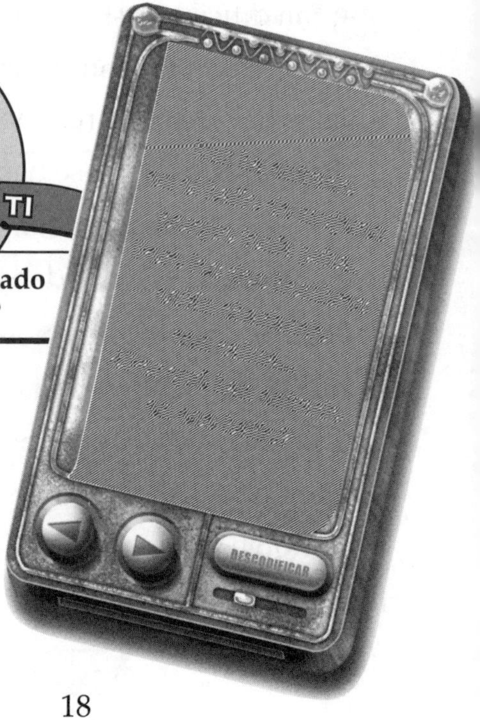

¡QUE VIENEN LOS NINJAS!

Luk contuvo el aliento y escuchó con atención redoblada, tratando de entender al menos alguna palabra. Pegó la oreja a la puerta.

–¿... te ha quedado claro? –preguntó una voz muy grave.

–¡Tan difícil no es! –exclamó el otro, y soltó una carcajada semejante a un graznido.

–¿Dónde se ha metido Matts?

–¡Aquí estoy!

El tercer hombre hablaba alto, casi chillando, como un dibujo animado.

–Tomad, ponéoslos. Nos los envía el jefe –dijo el de la voz profunda.

Estuvieron callados un rato. De vez en cuando, alguno de ellos resoplaba o tosía un poco.

–Y estos disfraces, ¿para qué son? –inquirió el de la voz de dibujo animado.

–Me lo imagino, pero no voy a deciros nada aún –respondió su compañero.

Una gruesa arruga se formó en la frente de Luk. Esperó a que los hombres salieran de los servicios y revolvió en el interior de su bolsa. En uno de los laterales encontró la linterna extraplana que siempre llevaba allí por si acaso. La encendió y examinó la puerta, el marco y las paredes.

Volvió a apagarla y dejó escapar un suspiro. Nada: no había forma de salir de allí. *¿Qué se traerán entre manos estos tipos?*, se preguntó. Lo poco que había oído no le gustaba nada...

A aquellas horas, el centro comercial se quedaba desierto. Solo dos vigilantes nocturnos hacían sus rondas por las salas y los pasillos en penumbra.

Uno de ellos se llamaba Rudolf Anger y ya era algo mayor. Estaba a punto de empezar su primera ronda por la planta baja cuando, de pronto, dos figuras saltaron desde la galería de arriba y aterrizaron delante de él. Iban vestidos de negro de los pies a la cabeza, con una especie de capuchas que solo dejaban los ojos al descubierto. Se colocaron en posición de ataque y lanzaron una mirada siniestra al vigilante, quien retrocedió temblando.

–Por aquí hay... hay cámaras de vídeo en todas partes. Ahora mismo nos están filmando –logró decir el señor Anger.

Los dos guerreros ninjas gritaron y lanzaron varias patadas que hicieron silbar el aire. No contentos con ello, saltaron sobre un carrito de la compra, lo empujaron y lo estrellaron contra un escaparate. Una catarata de cristales rotos se derramó por el suelo.

–¡Paren ya! –suplicó el vigilante, pero los ninjas ni siquiera parecieron escucharle.

Uno de ellos se volvió hacia otro escaparate y empezó a reventar los cristales a patadas certeras. Otro cogió un bate de béisbol de una tienda de deportes y avanzó por el pasillo machacando todo lo que encontraba a su paso.

–¡Deténganse, por favor! –gimoteaba el señor Anger. Aunque llevaba encima un *walkie-talkie* con el que podría haber avisado a su compañero, no se atrevía a usarlo.

Ninas
Feinstrumpf

Mientras tanto, Luk, ajeno a todo eso, vaciaba en el suelo el contenido de su maletín de especialista y lo examinaba atentamente en busca de algo que lo ayudara a escapar.

PREGUNTA PARA TI

¿Qué debería hacer Luk?

LA PRINCESA CASCARRABIAS

Mientras aquello ocurría, Biggi estaba en casa de su nueva amiga Luisa Lobmüller. Patrick y Luk no tragaban a Luisa, y le habían puesto el mote de «princesa cascarrabias». Nada era suficientemente bueno para ella, y miraba a todo y a todos por encima del hombro.

Eso tenía enfadada a Biggi, pues ella sí que se sentía halagada porque Luisa la hubiese escogido como amiga. Todas las chicas de su clase querían ir a casa de Luisa, ya que la princesa cascarrabias tenía de todo: en su habitación había una tele y un equipo de música en el que siempre sonaban los últimos éxitos, y sus padres incluso le permitían ir a la peluquería todas las semanas y maquillarse.

–La verdad es que le hace buena falta –se burlaba Patrick a menudo.

Aquella tarde, Luisa estaba haciéndole a Biggi un pase de toda su ropa. Necesitaba dos armarios enormes para guardarla, y Biggi sabía que todas las prendas eran muy caras.

Los padres de Luisa eran ricos, de eso no cabía duda. Su casa parecía un palacete.

Biggi no se sentía especialmente cómoda. Haciendo honor a su mote, Luisa se estaba comportando como una princesa y trataba a Biggi como si fuera la Cenicienta.

De pronto, en el salón estalló un griterío:

–¡Os arrepentiréis! ¡Si no me compráis la moto, no os hablaré en tres semanas!

Biggi, que estaba sentada en el sofá de la habitación de Luisa, abrió los ojos de par en par.

Su amiga se tapó las orejas.

–Es mi hermana mayor, Larissa –se quejó–. Siempre está igual.

–¿Está hablando con tus padres? –exclamó Biggi, incrédula.

–Riñe constantemente con ellos porque son unos tacaños y nos dan muy poco dinero.

–¿Estas discusiones son frecuentes? –preguntó Biggi, que no daba crédito a sus oídos–. ¡Pero si vuestros padres son muy generosos!

Luisa resopló, y Biggi pensó que aquellas dos hermanas nunca tenían suficiente.

Entretanto, ya había anochecido. Biggi echó un vistazo al reloj.

–¡Tengo que marcharme! –exclamó.

Luisa, sin embargo, no estaba dispuesta a quedarse sola. Insistió tanto en que Biggi se quedara un rato más que la chica al final accedió, a condición de que se acabara el desfile de modas y Luisa pusiera algo de música.

Cuando el reloj del pasillo dio las siete, Biggi se puso en pie y dijo:

–Ahora sí que tengo que irme.

–Qué sosa eres –murmuró Luisa–. No sé para qué me junto con alguien tan aburrido.

–¡Pues búscate otra amiga! –bufó Biggi mientras agarraba su chaqueta y se disponía a salir de la habitación.

Luisa se levantó de un salto y le impidió el paso.

–Lo siento, no quería decir eso... –dijo, pero Biggi ya estaba harta. Patrick y Luk tenían razón: Luisa era una princesa cascarrabias.

De repente sonó un estallido, como si se hubiese roto un cristal grande en alguna de las habitaciones.

Horrorizada, Luisa se llevó las manos a la boca y se echó a temblar.

–¿Qué ha sido eso? –preguntó Biggi.

–No... ojalá no. ¡No, por favor! –farfulló Luisa.

–¿Qué quieres decir? –insistió Biggi, alarmada.

–Larissa y yo hemos... hemos recibido amenazas por teléfono. ¡Dicen que quieren secuestrarnos! –sollozó Luisa–. Pero pensábamos... creímos que era una broma...

–¡Vamos! –exclamó Biggi muy resuelta, agarrando a Luisa de la mano.

En ese momento, la ventana del cuarto de Luisa también reventó y una ráfaga de viento helado barrió la habitación.

Luisa contempló el jardín como si estuviera hipnotizada. Por el césped había diseminadas varias estatuas iluminadas por focos ocultos. Sin embargo, aquellas esculturas no podían haber roto las ventanas... ¿O sí?

¿Hay alguien en el jardín?

ATACAN A LUK

Tras muchos forcejeos, Luk logró abrir el cerrojo. Suspiró con alivio y salió tambaleándose a la sala de los lavabos, que estaba bien iluminada. Abrió un grifo y se lavó la cara con agua helada.

¿Seguirán esos tipos en el centro comercial?, se preguntó. Abrió cautelosamente la puerta que daba al pasillo y se asomó.

En la planta inferior sonaba un gran estruendo: gritos salvajes de lucha, cristales rotos, golpes...

Lleno de curiosidad, Luk se dirigió de puntillas hacia la barandilla y echó un vistazo abajo.

Los tres ninjas, aparentemente enfurecidos, recorrían el lugar arrasándolo todo a su paso. El vigilante, un señor mayor, estaba

arrodillado en el suelo y se protegía la cabeza con los brazos.

Luk miró alrededor en busca de un teléfono público. ¡Tenía que llamar a la policía!

De pronto, en mitad de un salto, uno de los ninjas alzó la vista y descubrió a Luk. De un grito, avisó a sus compañeros.

–¡Atrapad a ese entrometido! –chilló el que hablaba con graznidos.

Luk retrocedió muy asustado. Perdió el equilibrio y trastabilló, manteniéndose en pie a duras penas. Tenía el corazón desbocado y le faltaba el aire.

Los tres ninjas subieron dando saltos por las escaleras mecánicas, paradas a esas horas.

¡Tenía que largarse de allí! ¿Dónde narices estaría la salida de emergencia?

–¿Nos lo cargamos? –preguntó el tipo con voz de dibujo animado.

–Déjamelo a mí –gruñó el de la voz grave.

Ya habían llegado al final de la escalera mecánica. Un par de zancadas más y atraparían a Luk. Era demasiado tarde para huir.

–¡Alto! ¡No se muevan! –exclamó una voz cortante.

El segundo vigilante nocturno había aparecido por una esquina y apuntaba a los ninjas con una pistola. Le temblaban las manos.

…ería
TODO
MASCOTAS
Té…
FISCH

Los ninjas lo miraron, sorprendidos.

–Eh, se suponía que aquí los vigilantes no llevaban armas de fuego –farfulló el de la voz de dibujo animado.

–¡Retirada! –ordenó el tercer ninja.

Como en una película de artes marciales, los tres guerreros oscuros se tiraron ágilmente al suelo y bajaron las escaleras rodando en un abrir y cerrar de ojos. Al llegar abajo, se pusieron en pie de un salto y emprendieron la huida. Desaparecieron en cuestión de segundos, dejando un horrible caos tras de sí.

–¡Gracias! –gimió Luk dejándose caer.

El vigilante nocturno asintió con un gesto y llamó a la policía, mientras su colega subía desde la planta de abajo.

–¡Seguro que me despiden! –se quejó el vigilante mayor meneando la cabeza.

Luk se frotó la cara. Acababa de hacer un descubrimiento, y estaba muy feliz de que los ninjas no se hubiesen dado cuenta de ello.

¿Qué es lo que han pasado por alto los ninjas? Usa las ventanas de tu descodificador.

EL SECUESTRO

En el jardín de los Lobmüller, dos figuras vestidas de negro avanzaron ágilmente entre las estatuas. Sin hacer ningún ruido, tomaron carrerilla y saltaron al interior de la casa. Cada uno entró por una de las ventanas rotas.

Eran ninjas.

El que entró en el cuarto de Luisa se abalanzó sobre ella, la amordazó, la maniató y se la echó al hombro. Antes de que Biggi pudiera siquiera chillar, el ninja saltó de nuevo al jardín y desapareció en la oscuridad. Biggi se asomó a la ventana y vio que el segundo ninja acarreaba a una chica algo mayor: debía de ser Larissa.

–¡So... socorro! –consiguió gritar Biggi. Salió precipitadamente al pasillo y trató de recordar en qué dirección se encontraba el cuarto de estar.

Los padres de las chicas estaban sentados frente al televisor. No habían oído el estallido de las ventanas.

–¡Sus hijas ha sido se... se... secuestradas! –tartamudeó Biggi.

La madre de Luisa bajó el volumen con el mando a distancia y sonrió.

–¿A eso estáis jugando ahora? –preguntó con tono condescendiente.

–¡Es verdad! ¡Dos ninjas...! ¡Vengan, rápido! –gimió Biggi.

El padre, un hombre gordito y medio calvo que llevaba una chaqueta de punto, se puso en pie y siguió a Biggi de mala gana. En cuanto vio las ventanas hechas añicos, se le quitó de golpe la sonrisilla y se abalanzó sobre el teléfono para llamar a la policía.

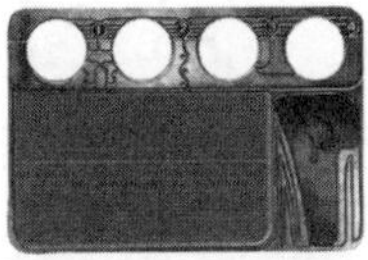

Biggi se quedó a solas en la habitación de Luisa. Se estremeció y se rodeó el torso con los brazos: dentro ya hacía tanto frío como fuera. El suelo estaba sembrado de fragmentos de cristal de todos los tamaños. Al mirar uno de ellos, Biggi tuvo que ahogar un grito.

¿Cuál de los fragmentos la ha asustado tanto? Usa las ventanas de tu descodificador.

FIGURAS EN LA OSCURIDAD

A tan solo treinta pasos de la mansión de los Lobmüller había alguien oculto tras un árbol. La figura no despegaba la vista de la casa. Se estremeció y se ajustó un poco más la chaqueta.

¿Cuándo pensaría salir Biggi de la casa? Cuando viera quién la estaba esperando, se iba a quedar de piedra.

Pero Biggi no aparecía. En su lugar surgieron de la oscuridad dos figuras vestidas con uniformes negros de combate. Sus rostros quedaban ocultos por pasamontañas.

La figura que esperaba tras el tronco dio un respingo: aquellos dos hombres con pinta de ninjas llevaban al hombro sendos bultos... que parecían personas.

Uno de ellos levantó la mano y se vieron dos destellos seguidos. Debía de ser un

código luminoso, porque de inmediato sonó el rugido de un motor y una furgoneta apareció por una calle lateral. El vehículo se dirigió a toda prisa hacia los ninjas y se detuvo junto a ellos. Los guerreros abrieron de par en par el portón trasero y metieron a sus víctimas en la zona de carga.

La figura oculta tras el árbol se pegó al tronco, con el corazón en la garganta. Aunque ignoraba qué podía estar ocurriendo, algo era seguro: aquello olía muy mal.

Los ninjas saltaron al interior del vehículo y cerraron la puerta. La furgoneta emprendió la marcha, pero su conductor se despistó por un instante y el vehículo se desvió y enfiló directamente el árbol tras el cual se hallaba la figura. Los haces de los faros iluminaron unas deportivas, unos vaqueros y una chaqueta con capucha.

La figura no era otra que Patrick, del Equipo Tigre, que estaba esperando a Biggi para gastarle una broma.

El conductor, al que Patrick no podía ver porque lo cegaban los faros, frenó en seco. En la parte trasera del vehículo sonó un golpe sordo y una ristra de palabrotas.

¡Tengo que escapar!, pensó Patrick, pero sus piernas se negaban a obedecerle. El conductor se volvió hacia la parte trasera de la furgoneta.

–¡Hay alguien escondido detrás del árbol! –gritó, en voz tan alta que hasta el tigre pudo oírle.

Las piernas de Patrick por fin resucitaron, y consiguió dar la vuelta y alejarse un par de zancadas. Pero era tarde: el portón de la furgoneta se abrió bruscamente y los ninjas salieron disparados. Patrick los miró como miraría un conejo a una serpiente.

Los dos desconocidos se abalanzaron sobre él sin decir una palabra. Uno le tapó la boca con una mano y el otro le apresó los brazos con mano férrea. Entre los dos obligaron a Patrick a ir hacia el vehículo y lo empujaron adentro sin miramientos.

–Como rechistes, te pasará lo mismo que a las chicas –masculló uno de los atacantes.

Patrick se quedó tumbado, con la cara apoyada en el frío suelo de chapa. El portón se cerró y la furgoneta se puso en marcha.

En la cabeza de Patrick giraba un torbellino de pensamientos. ¿Adónde lo llevaban? ¿Para quién trabajaban aquellos ninjas? ¿Quiénes eran las chicas a las que, por lo visto, habían secuestrado? ¿Encontrarían sus amigos del equipo Tigre la pista que les había dejado?

De pronto, cayó en la cuenta de que no podía esperar que sus amigos lo socorrieran: ni Biggi ni Luk sabían que estaba esperando fuera de la mansión para darle un susto a su amiga. Jamás se les ocurriría buscar su nota... Sí, esta vez se había metido en un lío de los gordos.

PREGUNTA PARA TI

¿Qué pista ha dejado Patrick?

LA NOTA DE RESCATE

La policía llevó a Luk a su casa, y sus padres se asustaron mucho al ver salir a su hijo de un coche patrulla. Un agente lo acompañó hasta la puerta de la casa, donde ya los esperaba la señora Kampinsky.

–Por el amor del cielo, ¿qué ha pasado? –preguntó horrorizada.

–Su hijo se quedó encerrado en el centro comercial y, por casualidad, se convirtió en testigo de un grave incidente –explicó el policía.

Su compañero le llamó desde el coche:

–¡Date prisa, Karsten! ¡Tenemos trabajo! Esos ninjas han vuelto a dar otro golpe, ahora en unos multicines del centro.

El agente se despidió con un gesto y montó a toda prisa en el coche patrulla, que salió pitando con las luces y la sirena encendidas.

–Tengo que llamar ahora mismo a Patrick y a Biggi –dijo Luk, que seguía con el miedo metido en el cuerpo.

El primer número que marcó fue el de la casa de Patrick. Contestó la madre de su amigo, quien se llevó un buen susto al enterarse de que Patrick no estaba con los otros tigres.

–Salió hace un rato y dijo que no tardaría –le explicó a Luk–. Pero de eso hace dos horas. ¿De verdad no sabes dónde puede estar?

Luk se devanó los sesos, pero no se le ocurrió nada.

–No se preocupe: seguro que está bien –trató de tranquilizar a la señora Steinbrenner.

–Como se haya vuelto a meter en un caso policíaco, le voy a prohibir que siga en ese dichoso Equipo Tigre –refunfuñó ella.

Luk se despidió apresuradamente y colgó. También en casa de Biggi se puso la madre

al aparato, e informó a Luk de lo que había ocurrido. Biggi seguía en la casa de Luisa; más tarde, la policía la llevaría a su casa.

–¡Tengo... tengo que irme otra vez! –gritó Luk a sus padres–. ¡Pero vuelvo enseguida!

Antes de que pudieran protestar, ya estaba saliendo por la puerta trasera. Recogió su bicicleta del garaje y se dirigió a toda prisa a la mansión de los padres de Luisa.

Delante de la casa había varios coches patrulla. El jardín estaba completamente iluminado, y varios policías con perros inspeccionaban hasta el último rincón.

–¡Luk! –exclamó Biggi al verlo, y se acercó a él haciendo aspavientos; tenía la cara blanca como la tiza y le temblaban las manos–. ¡Los secuestradores han llamado! ¡Solo quieren hablar conmigo!

–¿Y eso por qué? –se extrañó Luk–. ¿Los conocías?

Biggi se encogió de hombros.

–¡Yo qué sé! Iban disfrazados de ninjas...

Luk se quitó las gafas y comenzó a limpiar los cristales con la tela de la chaqueta.

–¿Ninjas? ¡Como en el centro comercial!

–¡Biggi, ven enseguida! ¡Teléfono! –gritó alguien desde la puerta.

La chica echó a correr y Luk la siguió. Uno de los policías trató de impedir que entrara en la casa, pero Biggi dijo:

–¡Es mi mejor amigo! Siempre trabajamos juntos. Permítale pasar, por favor.

El agente asintió, comprensivo, y los dejó pasar. Al entrar en el cuarto de estar vieron al señor Lobmüller, que miraba fijamente el

teléfono. Su mujer estaba abrazada a él, con el rostro demudado. Una mujer policía le ofreció a Biggi el auricular. Ella apretó la tecla de entrada de llamada y dijo con brusquedad:

–¡Biggi Borge al habla!

Tras una breve pausa, le respondió una voz estridente. Parecía distorsionada por algún aparato electrónico.

–Queremos un millón en monedas de oro. Dentro de una hora daremos a conocer el punto de entrega –dijo, y colgó sin esperar respuesta.

Luk examinó la estancia y vio un aparato electrónico conectado al teléfono. A su lado había otro dispositivo del que salía una tira de papel llena de líneas grises en zigzag. Junto a la mesa, un policía vestido de paisano observaba atentamente los gráficos.

–¿Lo tienes? –le preguntó el agente a su compañera, que estaba sentada en el sofá de enfrente.

La aludida deslizó sus dedos a una velocidad increíble por el teclado de un moderno ordenador portátil.

–Es una cabina –respondió por fin, decepcionada–. Estos tipos no se arriesgan.

Luk miró a Biggi, interrogante. ¿Qué significaría eso?

¡AL BÚNKER!

El trayecto en furgoneta no duró demasiado. Todos los «pasajeros» iban en silencio. Patrick había logrado sentarse y se había acurrucado en un rincón. El ninja que estaba sentado frente a él no lo perdía de vista ni un segundo.

Aunque tenía el corazón en un puño y estaba muerto de miedo, el tigre retuvo en la memoria los detalles del trayecto. El vehículo

giró por un par de calles y luego aceleró, y Patrick supuso que habrían entrado en una carretera de circunvalación. Unos tres minutos después, frenaron y salieron de esa carretera para enfilar una vía comarcal. Los neumáticos sonaban de forma muy distinta sobre aquel asfalto descuidado.

Finalmente, la furgoneta enfiló un camino lleno de baches y trazó varias curvas estrechas y empinadas. En algún momento volvió a desviarse y por fin se detuvo.

Los ninjas susurraron algo entre ellos.

–¡Fuera, niñas! –ordenó uno mientras abría el portón trasero y salía.

Obedientes, Luisa y Larissa pasaron gateando frente a Patrick y salieron del vehículo. El segundo ninja se quedó con Patrick.

Una ráfaga de viento helado se metió en la furgoneta, y el chico se puso a tiritar.

–¡Estás aquí por tu culpa! ¿Qué hacías detrás de aquel árbol? –siseó el ninja.

En el exterior del vehículo, dos personas parecían discutir.

–¡Yo lo que quiero es mi pasta, y cuanto antes! –exigió una voz aguda y estridente.

–Ya nos dirá el jefe cómo la conseguimos –gruñó otra.

–¿Y qué hacemos con este? –quiso saber el ninja que estaba al lado de Patrick.

Unas manos fuertes agarraron al tigre y lo alzaron en vilo. Patrick se encontró frente a un rostro enmascarado que lo examinaba con ojos encendidos por la furia.

–¿Qué has visto? –inquirió el desconocido.

–He visto que... que... que secuestrabais a dos chicas. ¡Yo solo estaba esperando a mi amiga Biggi, que se encontraba con Luisa! –consiguió decir Patrick.

–¿Y qué más?

–Nada más...

El enmascarado clavó sus ojos en los de Patrick: estaba claro que no le creía. Al cabo de unos segundos, soltó un gruñido.

–Llevadlo al búnker. ¡El jefe decidirá qué hacer con él! –ordenó.

Dejó caer de nuevo a Patrick, golpeó el tabique que los separaba de la cabina del conductor y ordenó:

–¡Al búnker!

Patrick se retorció: su captor lo había tirado al suelo del vehículo de cualquier manera. Pero mientras caía, su espíritu de detective le había permitido advertir algo. Aunque estaba muy oscuro y Patrick lo veía todo del revés, pudo hacerse una idea de lo que había fuera. ¡Era increíble! Aquel lugar estaba lleno de comandos ninjas como el que le había secuestrado...

¿Cuántas personas
y cuántos vehículos
hay alrededor
de la furgoneta?

LA CAJA FUERTE DEL SÓTANO

En la mansión Lobmüller, los padres de Luisa, sentados en el sofá, se abrazaban desconsolados. El agente de la policía judicial que había ordenado rastrear la llamada se encontraba de pie frente a ellos. Se llamaba Norbert Nocker, y tenía una calva reluciente apenas disimulada por cuatro pelos que la cruzaban.

–¿Saben quiénes podrían ser los secuestradores? –les preguntó el detective Nocker a los Lobmüller.

Los dos negaron con la cabeza.

–¿Cómo vamos a saberlo? –murmuró el señor Lobmüller.

–Nuestras pobres hijas... –gimió la señora Lobmüller limpiándose los ojos con un pañuelo.

–Pagaremos el rescate –afirmó su marido volviéndose hacia ella–. Poseo una gran co-

lección de monedas de oro que guardo en una caja fuerte del sótano. Está valorada en más de un millón.

–Aunque pague, no es seguro que dejen en libertad a sus hijas –le advirtió el detective.

La señora Lobmüller se apretó el pañuelo contra la boca y se puso a sollozar abiertamente. Entonces, un policía acompañado de un pastor alemán entró en el salón. En la mano llevaba una zapatilla deportiva.

–La ha encontrado el perro –aclaró.

Biggi y Luk se lanzaron una mirada inquisitiva. Esa zapatilla les sonaba... Luk la examinó de cerca y dio un respingo. Patrick tenía la costumbre de escribir en un lateral de sus deportivas las iniciales de su nombre: PS. Y la zapatilla mostraba precisamente esas letras.

–Estaba junto a un árbol, en la calle –añadió el policía del perro.

–¿Qué estaría haciendo Patrick por allí? –le susurró Biggi a Luk.

–Seguro que quería darte un susto. Estuvimos hablando de gastarte una broma por lo entusiasmada que estabas con tu amiga Luisa.

–¿Pero dónde está el otro zapato? ¿Y Patrick? –se preguntó Biggi.

Luk se encogió de hombros.

–Señor Nocker, sabemos de quién es la zapatilla –dijo en voz alta.

El detective se dio la vuelta y lo miró. En ese momento, un policía de los que estaban registrando la casa se dirigió hacia él.

–Han destrozado los cristales a patadas. Parece que iban calzados con botas de goma –indicó el hombre, y Biggi recordó el agujero de bala que había visto en un cristal.

La chica se volvió hacia la ventana que daba al jardín y lo examinó, pensativa. Estaba iluminado por numerosos focos que le daban un aspecto fantasmal; las estatuas parecían espectros entre los cuales se paseaban los policías con sus perros.

De pronto, Biggi señaló entusiasmada algo que había en el exterior.

–¡Eh, un momento! ¡Quizás podamos ver a los secuestradores!

El señor Nocker frunció el ceño, asombrado.

–¿Cómo es eso?

PREGUNTA PARA TI
¿Cómo pueden ver a los secuestradores?
DESCODIFICAR

EN LA BOCA DEL LOBO

La furgoneta volvió a detenerse tras un breve trayecto, y Patrick tuvo que dominarse para no caer presa del pánico.

¿Qué sería eso de «el búnker»?

El ninja que iba a su lado lo agarró del cuello con brutalidad. Con la mano libre abrió el portón y arrastró a Patrick al frío de la noche. Antes de que el chico pudiera reaccionar, el encapuchado ya le había tapado la boca con una mano.

–¡Abre! –le indicó al conductor, quien también se había apeado.

El aludido se acercó a una pared en la que había una puerta, introdujo una llave en el cerrojo y le dio varias vueltas. La puerta se abrió con un chasquido.

–¿Hay algo dentro que no deba ver el mocoso? –preguntó el otro.

El conductor bajó un par de escalones y se oyó un ruido de arrastre.

–Ya he quitado todo de en medio –anunció poco después.

El tipo que sujetaba a Patrick lo obligó a entrar dándole un empujón; el chico sintió que el suelo desaparecía bajo sus pies y se precipitó por una escalera. Su rodilla izquierda golpeó el suelo y el tigre contuvo un gemido. Antes de que lograra incorporarse, sus captores cerraron la puerta y echaron el cerrojo.

El interior del búnker estaba oscuro como la boca del lobo.

–Qué tipos más bestias –se quejó Patrick frotándose la rodilla magullada.

El aire helado le hizo estremecerse. Sacudió la cabeza: tenía que mantenerse despierto si no quería morir de frío. Se sacó un caramelo de limón del bolsillo de la chaqueta, lo desenvolvió y se lo metió en la boca. Su sabor familiar lo tranquilizó un poco y le ayudó a reaccionar. Rebuscó en un bolsillo del pantalón hasta encontrar la linterna minúscula que llevaba siempre consigo. No era mayor que un dedo meñique, pero alumbraba mucho.

Aunque no en aquel momento.

Con un escalofrío, Patrick cayó en la cuenta de que la pila se había gastado hacía poco y él había olvidado cambiarla. Tendría que recurrir al sentido del tacto... Extendió los brazos y palpó cautelosamente a su alrededor. Lo primero que toco fue una barra de metal.

Parecía una reja. ¿Lo habrían metido en una jaula? Aunque no percibía ningún olor ni ruido extraño, tenía la sensación de que en aquel búnker había algún animal encerrado. Tal vez se encontraran los dos atrapados en la misma jaula...

¿Son acertadas las sospechas de Patrick?

¡Usa el descodificador para ver en la oscuridad!

LOS PREPARATIVOS

Aunque la observación de Biggi era acertada, no servía de nada. El señor Lobmüller asintió con gesto cansado.

–Sí, sí, esos chismes del jardín parecen cámaras de vigilancia. Un experto en seguridad me aconsejó colocarlos. Desgraciadamente, no son más que imitaciones: ninguna de ellas funciona.

Luk y Biggi suspiraron, decepcionados. Las grabaciones habrían aportado tantas pistas...

El detective Nocker sacó su móvil e hizo una llamada. Al acabar, sacudió perplejo su reluciente cabeza.

–Esto parece una operación coordinada. Varios sujetos vestidos de ninjas han cometido delitos en distintos lugares de la ciudad.

Han herido a gente, han provocado daños materiales, han robado todo lo que caía en sus manos... Sin embargo, hasta ahora no hay una sola pista que podamos seguir. Son como sombras que se traga la tierra.

–Pues me temo que también han secuestrado a nuestro amigo Patrick... –balbuceó Biggi.

El señor Nocker alzó las cejas, y se disponía a preguntar algo cuando el teléfono de la casa volvió a sonar. El detective descolgó y le entregó el auricular a Biggi, quien respondió de inmediato. Por el altavoz del teléfono salió la voz distorsionada de antes:

–Tienes que entregar el rescate dentro de una hora, en el puente Karlsbrücke. Ven sola. Como haya policías cerca, no volveréis a ver a las dos mocosas –susurró, y colgó sin más.

En cuanto Biggi dejó el auricular en su sitio, el móvil del detective sonó sobresaltándolos a todos. El señor Nocker escuchó un momento y luego meneó la cabeza.

–Eran los compañeros de la central de operaciones. Al parecer, los secuestradores son profesionales: no paran de moverse y solo llaman desde teléfonos públicos. Cuando nuestra gente llega a ellos, hace rato que se han largado.

El padre de las chicas salió del sótano, acompañado por dos agentes de la policía criminal. Los tres iban cargados de cilindros de plástico transparente rellenos de monedas doradas.

–Meta las monedas aquí dentro –indicó el señor Nocker entregándole un maletín negro.

–Escuche bien: quiero que me devuelvan vivas a mis dos hijas –aclaró el señor Lobmüller con voz ahogada por las lágrimas–. Entreguen las monedas de oro a los secuestradores y no hagan nada hasta que Larissa y Luisa no estén de vuelta en casa.

–De acuerdo –respondió el señor Nocker con expresión seria.

–¡No se les ocurra poner en peligro la entrega! ¿Me oye? –insistió el angustiado padre.

–Descuide, no lo haremos –aseguró uno de los agentes de la policía criminal.

Luk se acarició la barbilla, pensativo. Le daba la impresión de que el señor Nocker ocultaba algo...

¿Qué oculta el detective?

Vuelve a echar un vistazo
a la escena del salón
de los Lobmüller
de las páginas 78-79.

UN ENCARGO PARA PATRICK

Mientras tanto, Patrick había conseguido averiguar algo sobre su prisión. Allí no había ninguna jaula, sino una simple cama de latón con barrotes en el cabecero y en los pies. Además, había reconocido al tacto una nevera, una cocina eléctrica, una especie de váter, un lavabo y un estante.

En el cuarto reinaba una atmósfera inquietante y opresiva. Patrick supuso que se debía a los gruesos muros y a la puerta metálica, que no dejaban pasar ningún ruido del exterior. Dentro del búnker solo se oía su respiración.

De repente, alguien abrió la puerta. Patrick manoteó en busca de algún objeto duro con el que defenderse en caso de necesidad, pero no encontró ninguno. Una linterna le enfocó directamente la cara, cegándolo.

–¡Vamos, fuera! Tenemos un encargo para ti –ordenó una voz arisca–. Acércate. Y nada de trucos o las dos chicas acabarán teniendo problemas...

Patrick dio un par de pasos en dirección a la puerta. Unas manos fuertes lo aferraron y lo sacaron bruscamente al exterior. Alguien le vendó los ojos y volvió a meterlo a empujones en la furgoneta. Antes de cerrar la puerta, la voz dijo:

–Escucha: vas a encontrarte con alguien a quien conoces muy bien. Haz como si hubieseis quedado en veros y compórtate con normalidad, ¿entendido?

Patrick asintió sin decir nada.

–Te dará una bolsa o algo parecido. Tráenosla tal como te la entregue; como des un paso en falso, los dos os arrepentiréis.

Patrick reflexionó. ¿Con quién tendría que encontrarse? Alguien a quien conocía muy bien... Entonces, una bombilla pareció encenderse en su cabeza. ¡Biggi! Seguro que sería su amiga; al fin y al cabo, estaba con Luisa cuando la secuestraron.

La puerta del vehículo se cerró de golpe y su captor echó la llave desde fuera.

El tigre se bajó la venda de los ojos y respiró hondo. Tenía que arreglárselas para pasarle alguna señal a su amiga, algo que le permitiera a la policía averiguar dónde lo tenían preso. Debía conducirlos hasta el búnker...

Pero ¿cómo lo haría? ¿Cómo podía describirle a Biggi el camino sin llamar la atención? Susurrárselo era imposible: tardaría demasiado.

¿Qué puedo hacer?, se preguntó el chico con desesperación.

El coche reprodujo el mismo trayecto a la vuelta que a la ida, salvo por un breve tramo al final. Cuando se detuvo, Patrick se sentía algo mejor: le había escrito una nota a Biggi, y ni siquiera al más agudo observador le llamaría la atención que se la entregara.

El portón se abrió y los ojos de Luk volvieron a quedar cegados por el foco de una linterna.

–¿Quién te ha dado permiso para quitarte la venda de los ojos? –le recriminó la voz, y Patrick se encogió de hombros–. Te esperaremos aquí; pero en vez de avanzar en línea recta, debes correr en zigzag como para despistar a un perseguidor. Podrás hacerlo, ¿no?

Patrick asintió con la cabeza: no le apetecía hablar con aquel tipo.

–Escucha: uno de nosotros estará vigilando la operación. ¡Como intentes jugárnosla, tú y tu amiga lo pagaréis muy caro!

–Haré todo como usted dice –prometió Patrick–. Si lo hago bien, ¿me dejará marchar después?

–Depende de cómo hagas tu trabajo –repuso el desconocido con desprecio.

¿Cómo piensa Patrick hacerle llegar el recado a Biggi?

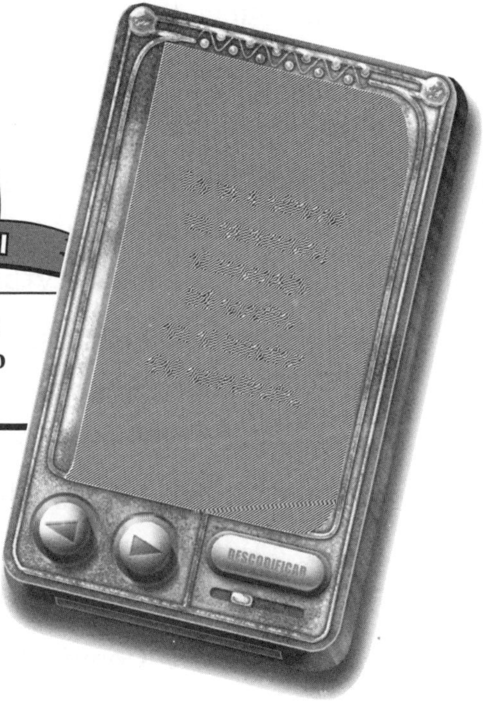

Encontrarás información sobre mensajes ocultos en las páginas 145-146.

LA ENTREGA

En la calle contigua al puente había aparcada una furgoneta con el rótulo *Pastelería Sonnleiter*. En realidad, se trataba de una unidad móvil de la policía, llena de aparatos electrónicos.

Tras mucho suplicar, Luk había conseguido que el detective Nocker le permitiera acompañarle. Como no quería molestar, se había acuclillado sobre una caja vuelta del revés y desde allí observaba todo lo que sucedía. En una de las pantallas apareció el coche del señor Lobmüller, un deportivo caro y elegante de gran potencia. El vehículo avanzó lentamente hacia la entrada del puente.

–¿Dónde está colocada la cámara de vigilancia? –preguntó Luk.

–¡Cierra el pico! –le ordenó el señor Nocker en un susurro áspero.

Su asistente, un agente llamado Volker Kiesling, era algo más amable.

–Está en el balcón de una casa con vistas al puente –explicó.

Biggi salió con esfuerzo del deportivo, que tenía el piso muy bajo. Aferraba el maletín con las dos manos, y aun así le costaba trabajo acarrearlo: las monedas de oro pesaban muchísimo.

Tal como habían exigido los chantajistas, el señor Lobmüller se marchó y la dejó sola. Una ráfaga de viento otoñal barrió el río y revolvió el pelo de Biggi. Ella empezó a caminar con paso lento, ladeada por el peso del maletín. Los chantajistas habían exigido que anduviera hasta recibir la orden de detenerse.

Dentro de la unidad móvil, la pantalla mostraba a la chica como un bulto borroso. En la oscuridad tenuemente iluminada por las farolas del puente, Biggi apenas era una sombra parduzca.

Entonces, de pronto, Patrick apareció en el otro extremo del puente. Biggi se sobresaltó, y también Luk soltó una exclamación de sorpresa dentro del vehículo de vigilancia.

–Hola –saludó Patrick, alicaído.

No se atrevía a decir nada más comprometedor: estaba convencido de que los ninjas se hallaban al acecho en algún lugar, vigilando la entrega.

–A ti también te han secuestrado, ¿verdad? –preguntó Biggi.

–Pues sí. ¿Quieres un caramelo?

–¿Cómo? –preguntó Biggi, perpleja.

Patrick se sacó un par de caramelos del bolsillo y se los ofreció, señalando disimuladamente uno de ellos con el índice. Biggi lo cogió con gesto inseguro, lo desenvolvió, se lo metió en la boca y dejó caer el papel al suelo.

Molesto, Patrick cerró los ojos. Aquello daba al traste con su plan: el mensaje secreto

ya se alejaba lentamente, arrastrado por el viento, y tardaría poco en caer al agua.

–¡Trae! –dijo con aspereza arrebatándole el maletín a Biggi. Se despidió de ella con un ademán y se marchó con el rescate a cuestas.

Biggi lo observó, desconcertada.

En el vehículo de vigilancia había un ordenador que, en ese preciso momento, mostraba un plano de la zona. Un punto luminoso se desplazaba despacio sobre él.

–El emisor de la cartera manda una señal. Así podremos seguirles la pista a los chanta-

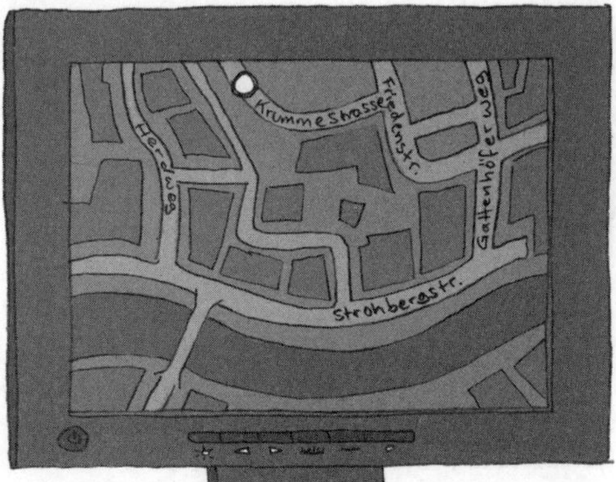

jistas –le explicó el detective Nocker a Luk–. Parece que a tu compañero le han ordenado que nos despiste... Pero no lo conseguirá. Si lo siguiera una persona, tal vez pudiera quitársela de encima, pero la señal de radio no falla.

El punto luminoso se quedó inmóvil. Volker Kiesling se inclinó para leer el nombre de la calle y, al hacerlo, tocó sin querer una tecla. El mapa desapareció y en la pantalla solo quedó el punto.

–¿Qué has hecho, mastuerzo? –le espetó el señor Nocker.

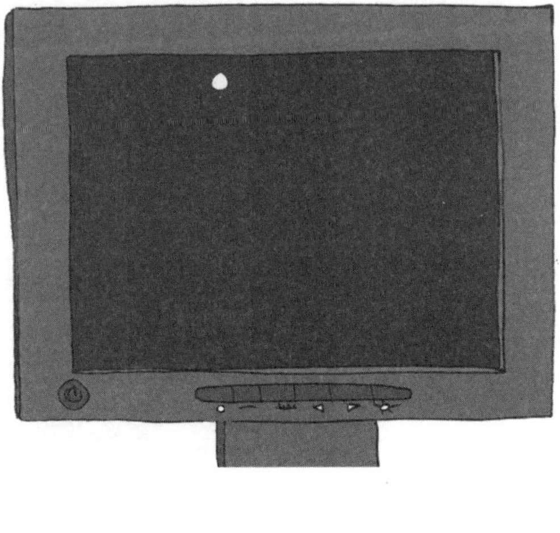

Desesperado, Volker aporreó el teclado para restaurar el plano, pero solo consiguió que se apagase también el punto luminoso. El joven policía tecleó rápidamente, cada vez más apurado. Entonces, el punto apareció de nuevo en la pantalla. Primero se movió muy deprisa, y luego se detuvo y se quedó oscilando levemente.

PREGUNTA PARA TI

¿Qué ha ocurrido?

EL TRUCO DE LA PUERTA

Lo cierto es que los ninjas nunca habían tenido intención de liberar a Patrick. Uno de ellos, que estaba apostado en un callejón oscuro, sujetó al chico por la espalda y lo arrastró hasta el interior de una casa. Allí le obligó a meter las monedas de oro en tres bolsas. Otro ninja aferró el maletín, fue hasta el río y lo lanzó al agua.

Para entonces Patrick ya estaba metido en la furgoneta, de vuelta al búnker.

Tanto las esperanzas del tigre como su coraje se encontraban bajo mínimos. Biggi había pasado por alto su mensaje secreto y lo había dejado caer sin más, algo que nunca hubiera esperado de ella. Seguramente se debía al miedo y a los nervios.

Dos hombres conversaban en la cabina del conductor, al otro lado del panel metálico. Patrick pegó la oreja para escucharlos.

–El jefe ha ordenado que lo llevemos de vuelta al búnker –dijo uno.

–¿Y cuánto tiempo va a quedarse allí?

El primero se quedó callado.

–Por cierto, ¿para qué sirve ese búnker? –dijo el segundo al cabo de unos minutos.

–En teoría lo construyeron para refugiarse en caso de grandes catástrofes, como una guerra atómica o un ataque biológico –explicó el otro–. Ahí abajo pueden vivir hasta diez personas durante varios meses, siempre y cuando tengan provisiones.

A Patrick empezó a entrarle pánico. ¿Tendría que pasar meses encerrado en aquel agujero? Durante su exploración no había encontrado provisiones de ninguna clase. ¿Acaso pensaban dejarle morir de hambre?

–¿Y se puede abrir la puerta desde dentro? –inquirió el segundo ninja.

–Sí, hay un truco por si ocurre alguna emergencia. Me lo contó el jefe. Al lado de la puerta hay un teclado. Para abrir, se debe teclear la temperatura exacta que hace en el interior del búnker.

La furgoneta tomó una curva pronunciada y Patrick chocó violentamente contra el lateral del vehículo. Bueno, al menos sabía algo más. Además, en el bolsillo del pantalón llevaba algo que de repente le parecía muy útil: una tarjeta termómetro de propaganda que le había entregado Luk el día anterior.

El coche se detuvo y Patrick aguardó con paciencia a que los ninjas fueran a buscarle. Resistirse ahora sería inútil.

Atisbó el búnker por la puerta entreabierta. Ahora estaba iluminado, y el ambiente se había caldeado. En la estantería se amontonaban latas de conserva y botes.

¿Serían para él, o para Luisa y Larissa? ¿Dónde las tendrían retenidas?

Un fuerte empujón obligó a Patrick a entrar de nuevo en su calabozo. A su espalda, una voz masculina que aún no conocía empezó a echar pestes.

–¿Por qué habéis traído al mocoso? ¿Qué vamos a hacer con él ahora?

¡Bummm! La puerta metálica se cerró de golpe y fue bloqueada por fuera.

Rápidamente, Patrick sacó el termómetro y lo examinó. En la escala de temperaturas había una que brillaba tenuemente; pero justo antes de que Patrick reconociera el número de debajo, la luz se apagó y el búnker se quedó a oscuras.

¡No te des por vencido!, se dijo el tigre. Investigó detenidamente la tarjeta y rápidamente dedujo la temperatura que hacía en el búnker.

PREGUNTA PARA TI

¿Qué temperatura hacía?

CONSEJO DEL EQUIPO TIGRE

Encontrarás
el termómetro
en tu sobre
del Equipo Tigre.
Ponlo al lado de la tarjeta
de Patrick y compara.
Frótalo hasta conseguir
la temperatura adecuada.

¿SIN ESPERANZA?

El detective Nocker y Volker Kiesling salieron a toda prisa de la unidad móvil. Los chantajistas los habían burlado: ahora tenían en su poder tanto las monedas de oro como a las dos chicas y a Patrick, y los detectives no estaban más cerca de saber dónde se ocultaban.

Biggi seguía en el puente, pálida y temblorosa. Luk se acercó a ella y le pasó el brazo por los hombros.

–¿Por qué estaría Patrick tan raro? –preguntó Biggi en un susurro.

–Tenía miedo, lo mismo que nosotros.

–¿Le harán algo los secuestradores?

Luk se encogió de hombros.

–Yo... espero que no. Seguro que lo sueltan pronto, lo mismo que a Larissa y a Luisa.

El señor Nocker se dirigió hacia los dos chicos. Parecía desanimado.

–La operación se ha ido al traste –dijo.

Biggi lo fulminó con la mirada.

–¡Esto ha sido una chapuza! Espero que a Patrick no le pase nada por su culpa.

El detective agachó la cabeza.

–Venid, os... os llevaremos a casa –masculló.

Biggi echó a andar. Apenas había dado tres pasos cuando notó que algo crujía bajo su zapato. Se agachó y despegó de la suela el envoltorio del caramelo que se estaba comiendo: había quedado pegado a unos restos de chicle. Pero había algo raro en aquel envoltorio. Parecían trazos...

¡Sí! ¡Era la letra de Patrick! Biggi le dio un codazo a Luk y le mostró el mensaje. Luk le echó un vistazo y dijo, nervioso:

–¡Es una descripción del trayecto hasta el lugar donde tienen encerrado a Patrick!

El detective Nocker sacudió la cabeza, atónito. Luk se volvió hacia el agente Volker.

–¿Ha logrado reiniciar el GPS en el ordenador?

–Sí, ya tenemos acceso al plano de la ciudad.

–¡Pues vamos allá! –exclamó el tigre.

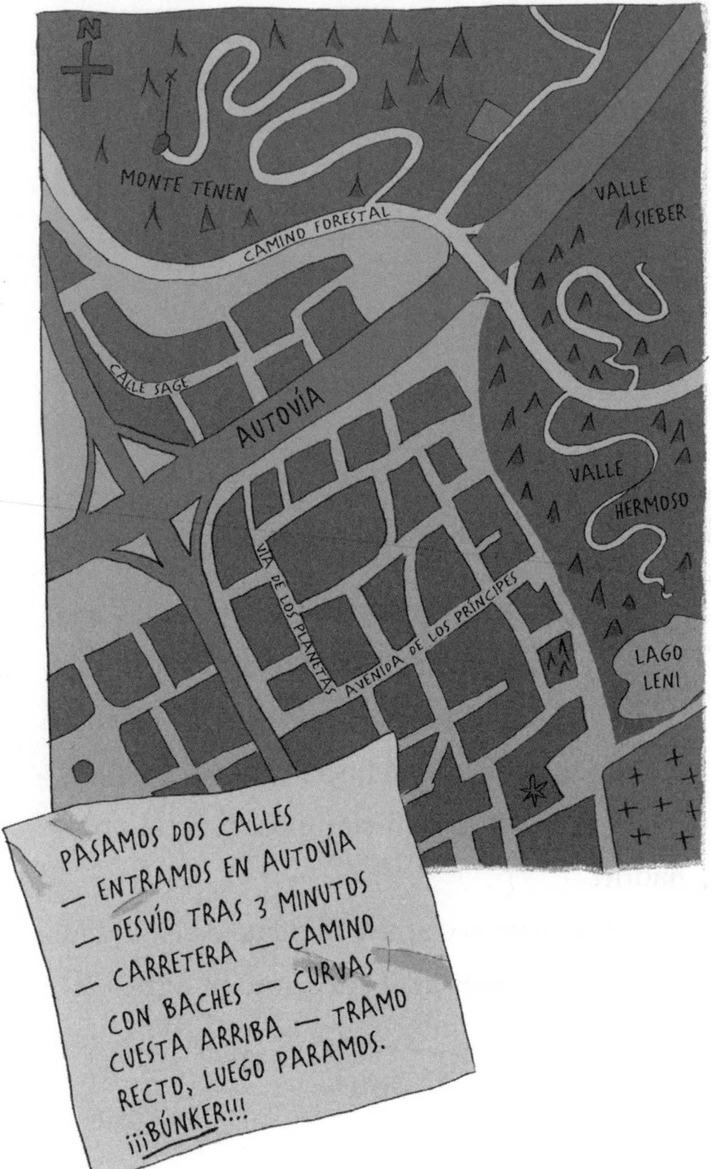
N
MONTE TENEN
CAMINO FORESTAL
VALLE SIEBER
CALLE SAGE
AUTOVÍA
VALLE HERMOSO
VÍA DE LOS PLANETAS
AVENIDA DE LOS PRÍNCIPES
LAGO LENI
PASAMOS DOS CALLES
— ENTRAMOS EN AUTOVÍA
— DESVÍO TRAS 3 MINUTOS
— CARRETERA — CAMINO
CON BACHES — CURVAS
CUESTA ARRIBA — TRAMO
RECTO, LUEGO PARAMOS.
¡¡¡BÚNKER!!!

Minutos después, Luk, Biggi y los dos agentes de la policía criminal estaban delante del ordenador. Siguiendo las indicaciones de Patrick, reconstruyeron el trayecto hasta dar con la localización del búnker.

PREGUNTA PARA TI

¿Dónde se encuentra el búnker?

UN TELÉFONO MISTERIOSO

–Chicos, ahora mismo llegará un agente para llevaros a casa. Nosotros nos ocuparemos de vuestro amigo –aseguró el señor Nocker.

Luk y Biggi no estaban de acuerdo: querían acompañarlos y estar presentes cuando liberaran a Patrick. Sin embargo, sus súplicas no sirvieron de nada. El señor Nocker llamó por teléfono a alguien, indicó dónde se encontraban y dio algunas instrucciones más.

–Vosotros os quedáis aquí, muchachos –dijo al colgar–. Volker y yo nos vamos; no tenemos tiempo que perder. El coche patrulla que os tiene que recoger llegará en un par de minutos.

La furgoneta arrancó con un chirrido de neumáticos, y los dos tigres se quedaron esperando en la acera. Pero algo debía de ir mal, porque no llegaba ningún coche patrulla.

–No tengo saldo en el teléfono... Tú tampoco, ¿verdad? –dijo Biggi, y Luk negó con la cabeza–. Mira, allí hay una cabina. Llamaré a mis padres para que vengan a recogernos.

Él la siguió con calma. No podía dejar de pensar en los ninjas. ¿Quiénes eran? ¿Qué ocultaban tras las máscaras? ¿Por qué habían escogido aquella noche para actuar? Al día siguiente, todos los periódicos aparecerían llenos de noticias sobre la «noche de los ninjas», y habría debates en la televisión y la radio acerca de la inseguridad ciudadana.

Los cristales de la cabina telefónica estaban llenos de anuncios pegados, algunos ya amarillentos por el tiempo. Había gente que buscaba piso, otros que deseaban comprar una bicicleta, otros que buscaban animales extraviados...

Biggi resopló.

–¡Mis padres no paran de hablar! Comunican todo el rato.

–Eh... Marca este número a ver qué pasa –dijo Luk, y empezó a recitar cifras.

La chica marcó sin preguntar. Escuchó atentamente unos minutos y luego colgó.

–¿Quién ha respondido? –preguntó Luk, expectante.

Biggi sacudió la cabeza.

–Nadie. Era un contestador automático.

–¿Y qué decía el contestador? –quiso saber Luk.

LAUGH OLYMPICS
NOTIC-TASTIC
DIBUJA CÓMICS
¡¡¡TALLER!!!
BUSCO PISO
En el centro
GATO PERDIDO
Curso
GRUPO DE BAILE
CANGUR
!!!
CURSO DE YOGA
NINJAS
ENTRENA
TEL:640480
SE BUSCA MOZO PARA PICADERO
BANDA BARCHEN
EN BERGHAIN

–Que es el número de una empresa de guardas jurados que hay en la calle Eber, número treinta y cuatro –informó Biggi–. ¿Se puede saber qué pasa?

Luk no parecía escuchar. Nervioso, se acariciaba la barbilla.

–Sí que es curioso –murmuró–. Tengo una sospecha...

¿Por qué tenía que marcar Biggi ese número? Usa las ventanas de tu descodificador.

LA CLAVE

Patrick acababa de descubrir la temperatura que hacía. ¡Ya podía salir de allí! El tigre palpó la pared y localizó lo que parecía un teclado.

Pero solo podía tocar las teclas, no verlas. Y Patrick no se atrevía a introducir la clave a ciegas: en caso de equivocarse, la puerta podría quedar cerrada durante mucho tiempo. A menudo esos sistemas tenían instalado un mecanismo de seguridad que los bloqueaba si se introducía una clave errónea.

De pronto, al otro lado de la puerta sonó un extraño rumor de arañazos y rozaduras.

El miedo se apoderó de Patrick: le daba la impresión de que sus secuestradores estaban tapando la puerta con tierra y ramas. Aun cuando sus amigos tigres encontrasen el camino al búnker, si la entrada quedaba oculta, pasarían de largo. Sin embargo, si abría la puerta, los ninjas lo atraparían y se lo llevarían a otro escondite aún más recóndito.

La cabeza del tigre empezó a dar vueltas. ¡Si al menos tuviese luz allí dentro! Eso haría que todo fuera mucho más fácil.

Los ruidos cesaron. Patrick esperó un rato a ver si se reanudaban, pero sus captores

parecían estar satisfechos con el camuflaje. El tigre se balanceó de una pierna a otra, indeciso. ¿Seguía esperando, o intentaba salir ya? ¡No aguantaba ni un minuto más allí dentro!

Entonces oyó murmullos. Se concentró para no perderse nada.

–¡La entrada ya está camuflada! –dijo un hombre.

–Bien. Dejaremos aquí al chaval al menos una semana –repuso otro con voz áspera–. Luego os lo lleváis a doscientos o trescientos kilómetros y le dejáis libre. Así estaremos seguros de que no trae a nadie hasta aquí.

–Buena idea, jefe.

–Y como volváis a meter la pata, os echo. ¿Entendido?

–¡Sí, jefe!

Patrick había empezado a palpar la pared, desconcertado. Las voces no sonaban

al otro lado de la puerta, sino en algún punto del muro. A varios pasos detectó una rejilla y se detuvo: ya sabía de dónde venían las voces. Sus secuestradores debían de encontrarse justo delante de un conducto de ventilación que funcionaba casi como un altavoz.

Pegó la oreja a la rejilla y oyó pasos. Dos coches se pusieron en marcha y se alejaron.

Por fin quedó todo en silencio, un silencio sepulcral.

–Bien. Ahora, ¡a salir de aquí! –se dijo Patrick mientras palpaba el teclado que había junto a la puerta.

La temperatura del búnker era de veintiséis grados. ¿Pero qué teclas había que apretar? Patrick se concentró y trató de recordar cómo era el teclado de su teléfono; seguro que aquel era igual...

¿A qué teclas tiene que darle Patrick y en qué orden?

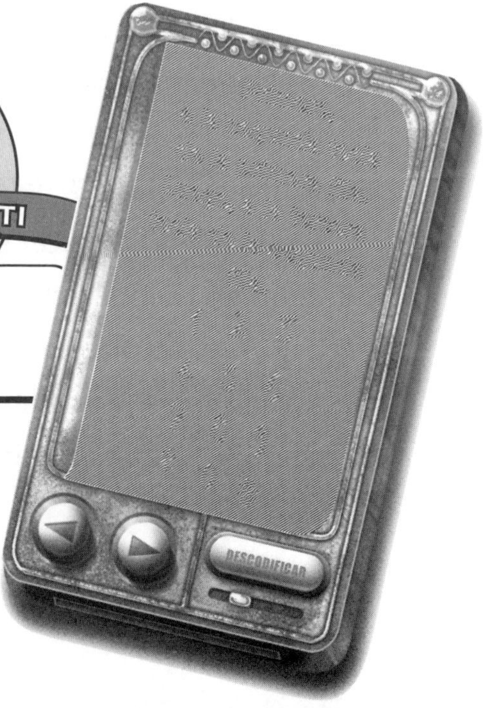

ALTA SEGURIDAD

Biggi no estaba de acuerdo con la propuesta de Luk.

–¡Estás equivocado! Lo que quieres hacer es una tontería –protestaba sin parar.

Pero Luk, en vez de hacerle caso, caminaba por las calles oscuras buscando la calle Eber.

–Pues yo creo que estoy en lo cierto –insistía–. ¡A lo mejor hasta podemos sacar una foto para demostrarlo!

–¡Luk, esto es demasiado peligroso! Los ninjas tienen todavía a Patrick –señaló Biggi.

–Pero si no voy a hacer nada... Solo quiero ir al número treinta y cuatro de la calle Eber y echar un vistazo a esa empresa de vigilancia. A estas horas ya no habrá nadie allí –trató de tranquilizar Luk a su amiga.

Por fin llegaron a la casa que buscaban. La observaron desde la acera de enfrente. Reinaba el silencio; no parecía haber nadie despierto en todo el barrio.

La calle estaba bordeada de casas de dos plantas, todas con tiendas en la planta baja. La número treinta y cuatro tenía un portal de aluminio y vidrio que parecía sacado de una película de ciencia ficción.

Sobre la luna del escaparate había un rótulo grande y llamativo:

ALTA SEGURIDAD

¡Vigilamos de verdad!

La oficina estaba cerrada, lo cual no era de extrañar a aquellas horas.

–Vaya, mira. Allí al fondo se ve una luz –le susurró Biggi a su amigo.

ALTA SEGURIDAD
¡Vigilamos de verdad!

Luk asintió, cruzó la calle y pegó las narices al cristal. Al otro lado se veía un local de buen tamaño, con varias mesas de trabajo. En la pared del fondo había cuatro puertas. Una de ellas estaba entreabierta, y por la rendija escapaba un rayo de luz. De pronto, una sombra interrumpió el haz luminoso. Había alguien allí.

–Dirás que estoy como una cabra, pero creo que sé lo que está pasando –murmuró Luk–. Esta «noche de los ninjas» ha sido una operación diseñada para meter miedo a la gente. A partir de mañana, esta empresa de seguridad ofrecerá sus servicios por todas partes, y muchos dueños de negocios los contratarán para sentirse protegidos. Y ya de paso, los ninjas se han hecho con un buen botín.

–Antes había aquí una escuela de artes marciales, ¿no? –preguntó Biggi en un susurro.

Luk asintió.

–Sí, y el número de teléfono sigue siendo el mismo. No creo que se trate de una coincidencia: quien dirige esta empresa debe de ser el propietario de la antigua escuela de ninjas. Hace ya mucho que la cerraron. Sin ese anuncio antiguo de la cabina telefónica, nunca se me hubiese ocurrido establecer la conexión.

–Tenemos que avisar ahora mismo al señor Nocker –decidió Biggi–. Puede que el cabecilla de la banda esté ahora mismo aquí, en la oficina.

Luk asintió.

–Pues me voy pitando a la cabina –susurró Biggi.

Luk la retuvo.

–No, no hace falta.

Biggi lo miró, perpleja. ¿Qué querría decir con eso?

–Tienes el móvil –explicó Luk señalando su bolsillo–. ¡Puede que no te quede saldo, pero el número de emergencias es gratuito!

Biggi asintió, marcó el 112 y explicó rápidamente la situación a un telefonista, quien le prometió avisar a la policía.

De repente, la luz de la oficina se apagó y dos personas salieron a la calle. Se trataba de un hombre alto de pelo rojizo y una mujer joven. El hombre abrazó a la mujer y la besó en el cuello. La mujer soltó una risita. Aunque era de noche, llevaba gafas de sol.

PREGUNTA PARA TI

¿Por qué se queda pasmada Biggi?

CONSEJO DEL EQUIPO TIGRE

¡Vuelve a dar un buen repaso a todas las ilustraciones!

LIBRE

La puerta de la prisión de Patrick se abrió unos milímetros. El chico empujó con todas sus fuerzas y, tras varios intentos, logró arrastrar la tierra y las ramas que bloqueaban la puerta. Suspiró aliviado al respirar el aire helado de la noche.

¡Era libre de nuevo!

Y ahora, ¡largo de allí! Tenía que volver de inmediato a la ciudad.

Aunque estaba agotado, el tigre se dispuso a emprender una larga caminata. Si tenía suerte, tal vez por el camino encontrara a alguien que le permitiera llamar por teléfono.

La luna creciente no daba mucha luz. Patrick trató de orientarse en la oscuridad y se puso en marcha con paso firme.

El búnker estaba oculto tras unos matorrales entre los que tuvo que abrirse paso. Unos veinte pasos más allá había un camino forestal.

Muy ingenioso, pensó Patrick. *Con este camuflaje, nadie que ignore que el búnker está aquí podría encontrarlo.*

Decidió seguir el camino cuesta abajo, pero aún no estaba muy lejos cuando oyó un ruido. Miró hacia un lado y vio la furgoneta en la que le habían llevado hasta el búnker.

Dos hombres vestidos de ninjas cargaban en la parte trasera una caja llena de ropa oscura.

–¿No nos olvidamos de nada? –preguntó uno, y Patrick reconoció la voz del que más había hablado con él.

–Voy a revisarlo todo una vez más –le respondió el de la voz de dibujo animado–. El jefe ha insistido en que no dejemos huellas.

Se dio la vuelta y, por un instante, Patrick y él quedaron cara a cara.

–El chico... ¿Cómo narices ha logrado escapar? –bufó el ninja.

Su cómplice se puso de inmediato en posición de ataque y saltó sobre Patrick con un grito salvaje. Pero esta vez el tigre no se quedó petrificado: se dio la vuelta y echó a correr tan deprisa como si quisiera despegar.

Los ninjas le pisaban los talones: no cabía duda de que eran deportistas bien entrenados. Además, sabían lo que se jugaban si dejaban escapar a Patrick.

La pequeña ventaja del tigre se reducía a ojos vistas.

A Patrick le ardían los pulmones, y empezó a notar los primeros pinchazos en los costados. Eso nunca le sucedía durante una competición, pero en esta ocasión estaba debilitado por las emociones y la falta de sueño. El miedo no le daba alas, sino que le hacía ir más despacio. Los pies le pesaban cada vez más, las rodillas le temblaban...

–¡Ya casi lo tenemos! –gritó a su espalda el ninja con voz de dibujo animado.

Patrick sabía que el ninja estaba en lo cierto: en unos segundos lo atraparían. Y entonces, ¿qué sería de él? ¿Qué harían esos criminales con un chico que había logrado escapar de un búnker? Los pasos de sus perseguidores resonaban en sus oídos como pistoletazos. ¿Qué podía hacer?

Por si fuera poco, llevaba un pie descalzo y eso le hacía resbalar. En una curva cerrada perdió el equilibrio, pero apoyó las manos en el suelo y consiguió mantenerse en pie.

Sin embargo, gracias a aquel percance se le ocurrió una idea: al agacharse, en el borde del camino había visto algo con lo que podría entretener a sus perseguidores.

¿Qué se propone hacer Patrick?

SALVADO POR LOS PELOS

En la calle Eber, el asombro fue igual por ambas partes. Al ver a Biggi, Larissa se dio cuenta de que la había reconocido. Biggi, por su lado, la observaba atónita preguntándose qué hacía Larissa allí.

Luk se percató del peligro.

–Vámonos ya mismo... –musitó, y los dos tigres echaron a correr.

El dueño de la empresa de seguridad se lanzó de inmediato en su persecución: sabía lo que le ocurriría si el Equipo Tigre metía las narices en aquel «secuestro».

Patrick esperaba tembloroso, rogando para sus adentros que su plan funcionara. Los ninjas entraron en la curva y también ellos resbalaron sobre las piedrecillas y la arena.

Justo cuando volvían a acelerar, el tigre tiró con todas sus fuerzas de la cadena, que se tensó con un tintineo. Los ninjas, incapaces de frenar, tropezaron y salieron despedidos entre gritos.

Patrick soltó la cadena como si quemara y echó a correr.

Sin embargo, su plan no había salido tan bien como esperaba. Uno de los dos hombres se incorporó enseguida: a pesar del tropezón inesperado, había rodado ágilmente al caer y volvía a pisarle los talones. El chico lanzó un vistazo por encima del hombro y dio un respingo: su perseguidor casi lo había alcanzado. Ya estiraba la mano para agarrarle...

Entonces, de la oscuridad surgieron dos luces blancas y un destello azul. El aullido de varias sirenas rompió el silencio de la noche.

El ninja frenó bruscamente, pero esta vez no logró mantenerse en pie. Resbaló pendiente abajo, directo hacia los coches patrulla que subían por el camino serpenteante.

Con las pocas fuerzas que le quedaban, Patrick se tambaleó hasta llegar al primer coche. Abrió de par en par la puerta de atrás y se dejó caer sobre el asiento.

–¡Lléveme a casa, por favor! –balbuceó.

También fue un coche patrulla la salvación de Biggi y Luk. En cuanto lo vio llegar, el dueño de la empresa de seguridad se dio media vuelta. Pero ya era demasiado tarde: los policías le dieron alcance y lo detuvieron.

Al día siguiente, la foto del Equipo Tigre aparecía en todos los diarios. Gracias a ellos, la policía disponía de pruebas para incriminar al cabecilla de la banda de los ninjas.

–Ha resultado ser tal como tú dedujiste –le dijo Biggi a Luk, mientras se zampaba la cuarta barrita de muesli con avellanas del día–. El dueño de la empresa de seguridad necesitaba darle un empujón a su negocio, y se le ocurrió montar la operación de los ninjas. Lo que no sé es cómo pudo convencer a toda esa gente para que lo ayudaran...

–Bueno, eran todos exalumnos de la escuela de ninjas. Muchos tenían deudas; otros ya habían cometido algún delito anteriormente –le aclaró Patrick–. El jefe les dijo que podían quedarse con lo que robaran, y les ordenó que llevaran los trajes de ninja al gimnasio de un competidor para desviar las sospechas.

Pero había algo que a Biggi le resultaba aún más difícil de comprender: ¿por qué se habrían metido Luisa y Larissa en aquel lío?

–El tipo de la empresa de seguridad es el novio de Larissa –le explicó Luk con una sonrisa torcida–. Por eso aceptó cuando las dos chicas le pidieron que fingiese secuestrarlas para conseguir el dinero de sus padres.

–Te advertimos sobre la tal Luisa, pero tú no quisiste escucharnos... –remachó Patrick.

–Bueno, si os hubiera hecho caso, no habríamos dado con este caso tan emocionante –contestó Biggi guiñándoles el ojo.

Patrick suspiró.

–El problema es que el dueño de la empresa de seguridad lo niega todo, y la policía aún no ha podido demostrar su participación.

–Si fue él quien llamó pidiendo rescate a los Lobmüller, el caso está resuelto –opinó Luk.

–¿Cómo van a probarlo? ¡La voz estaba distorsionada! –replicó Biggi.

–Ah, eso no importa –respondió Luk.

¿Se puede identificar una llamada hecha con voz distorsionada?

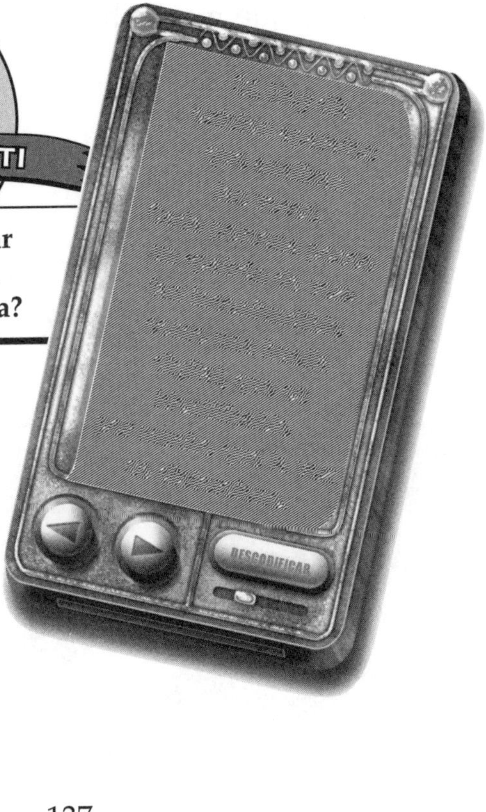

Biggi se quedó perpleja cuando Luk le explicó los métodos que iba a usar el detective Nocker para analizar las llamadas.

A pesar de lo difícil que parecía al principio, el caso de los ninjas había sido uno de los que menos había tardado en resolver el Equipo Tigre.

–¡Tal vez el próximo resulte más difícil! –exclamaron Biggi y Luk.

Eso sí, una cosa estaba clara: habían sido fieles a su lema.

Damos caña
a los criminales,
porque somos
tres fieros animales.
Solo queremos
vivir la vida libres,
y siempre formaremos
¡el Equipo Tigre!

Ya quedaba menos para el siguiente caso...

NINJAS EN LA OSCURIDAD

FICHA DEL CASO

EL 4º MIEMBRO DEL EQUIPO TIGRE

(TU NOMBRE) RESOLVIÓ ESTE CASO...

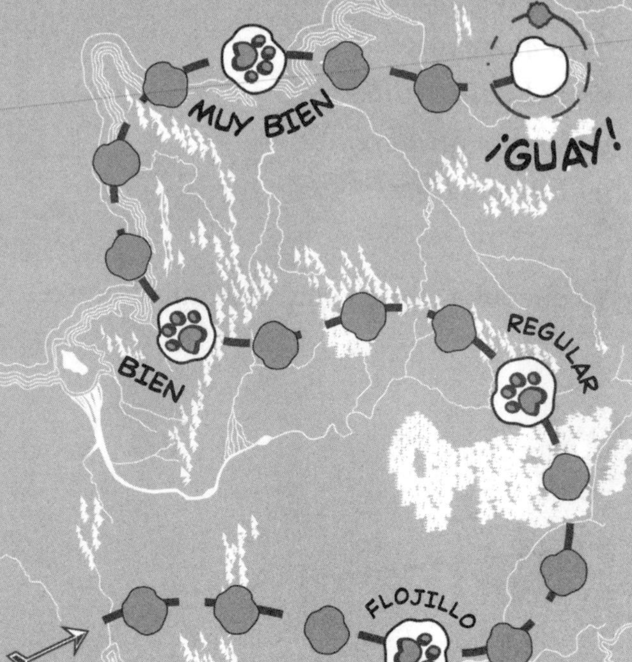

EQUIPO TIGRE

CONSEJOS Y ENTRENAMIENTO

Los auténticos ninjas, también llamados «guerreros de las sombras», vienen de...

JAPÓN

De allí también proceden los cómics manga y la mayoría de las videoconsolas.

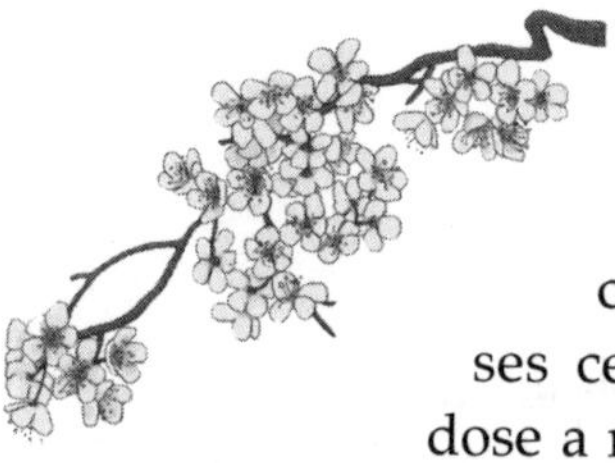

Pero Japón no solo es moderno: allí se conservan muchas tradiciones como, por ejemplo, la fiesta de los cerezos. Cada año, los japoneses celebran la primavera sentándose a merendar bajo los grandes cerezos que crecen en sus parques.

Para los japoneses, la flor del cerezo es un símbolo de la belleza.

Japón en pocas palabras

Número de habitantes: alrededor de 127 millones.
Capital: Tokio.
Japón es un país lleno de tradiciones, pero también alberga multitud de ideas originales y modernas.
Terremotos: ocurren casi a diario, aunque la mayoría no se perciben.

La palabra «ninja» significa «el que practica el arte del sigilo»; por eso los llamaban también «guerreros de las sombras». Los ninjas del antiguo Japón eran exploradores, espías, saboteadores y, en el peor de los casos, asesinos a sueldo.

El código Kuji-in

Los kuji-in son nueve sílabas que se corresponden con otros tantos gestos. Aunque originalmente eran una forma de meditación budista, los ninjas las utilizaban para concentrarse y, en ocasiones, para comunicarse en silencio.

¡Quizás te resulten útiles!

RIN

Fuerza y pureza.

Significados: *Lo tengo todo controlado, adelántate / Debo pensar.*

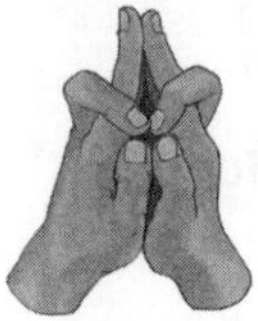

PYO

Sabiduría.

Significados: *Debemos darnos prisa en pensarlo / Tengo un plan.*

TOH

Armonía con el universo.

Significados: *Me va bien / Sé la respuesta.*

SHA

Curación.

Significados: *¿Estás herido? / ¿Te ayudo?*

KAI

Sentido del peligro.

Significados: *¡Cuidado, una trampa! / Ten precaución, hay algo que no cuadra*

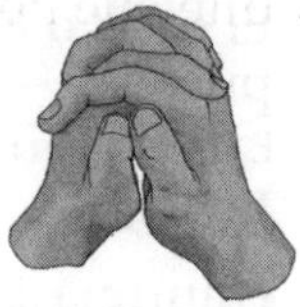

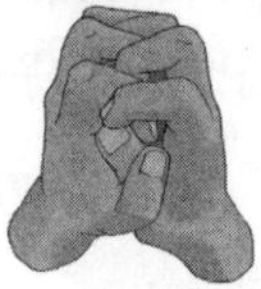

JIN

Lectura de pensamientos.

Significados: *Te sigo / Me fío de ti.*

RETSU

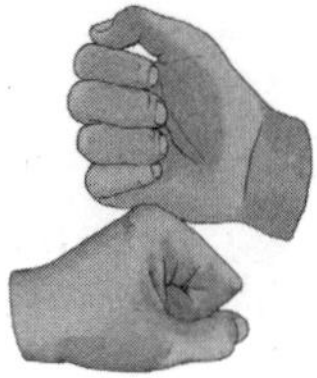

Control de espacio y tiempo.
Significados: *Nos vemos en el lugar acordado / Allí estaré.*

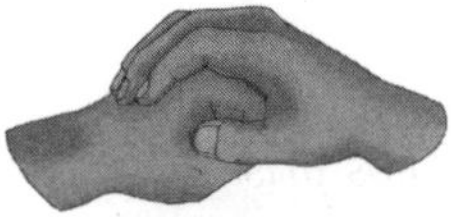

ZAI

Elementos de control.
Significados: *Sígueme / Sé lo que hago, ¡confía en mí!*

ZEN

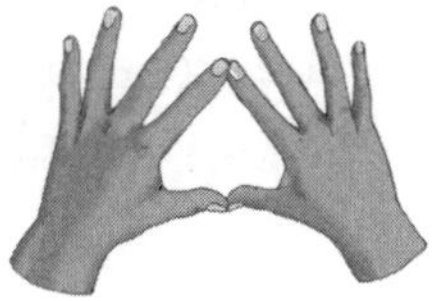

Protección de las fuerzas cósmicas.
Significado: *¡Retirada! / No le creas: miente.*

Mensajes escritos

Si necesitas entregar un mensaje escrito a tus compañeros, lo más importante es buscarle un escondite que no llame la atención. He aquí algunas propuestas.

Bicicleta

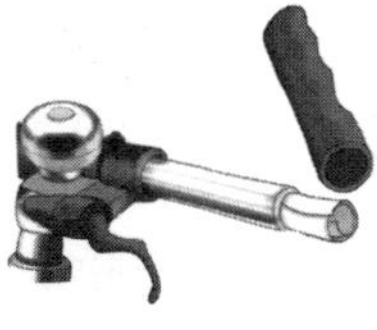

En algunas bicis, los cuernos del manillar pueden quitarse para ocultar un mensaje dentro de la barra. Lo mismo puede hacerse con la barra del sillín.

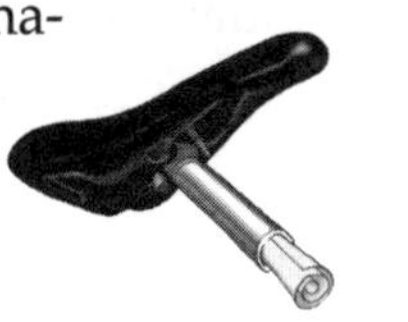

Papel higiénico

Puedes ocultar el mensaje dentro del tubo de cartón. No lo metas en el rollo: el mensaje podría caer en manos de un desconocido o incluso acabar dentro del váter.

Sellos

Escribe tu mensaje con bolígrafo en la esquina derecha del sobre y pega encima el sello. Luego, escribe una carta inofensiva y métela dentro del sobre.

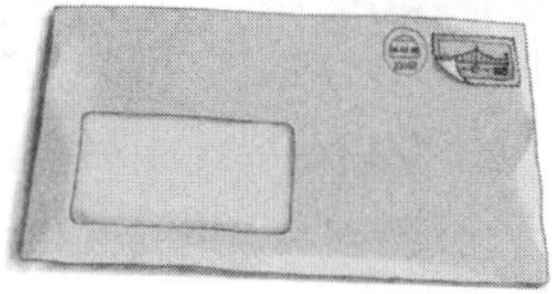

Caramelos

El mensaje puede estar escrito en el envoltorio. Este método hace que la entrega sea muy discreta... Pero puede salir mal, como le ocurrió a Patrick.

Bolígrafo

Desarma el bolígrafo y esconde la nota en el interior. También aquí es posible hacer una entrega disimulada: no tienes más que prestarle el boli al receptor del mensaje.

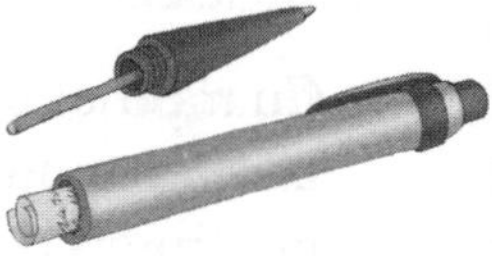

¿Cómo pueden identificarse las voces?

No solo las huellas digitales pueden delatar a una persona: también puede hacerlo su voz. Por mucho que trates de disimular tapándote la nariz al hablar, susurrando o gritando, el análisis de tu patrón de voz podrá demostrar que quien hablaba eras tú.

La policía criminal posee aparatos capaces de analizar e identificar todas las voces.

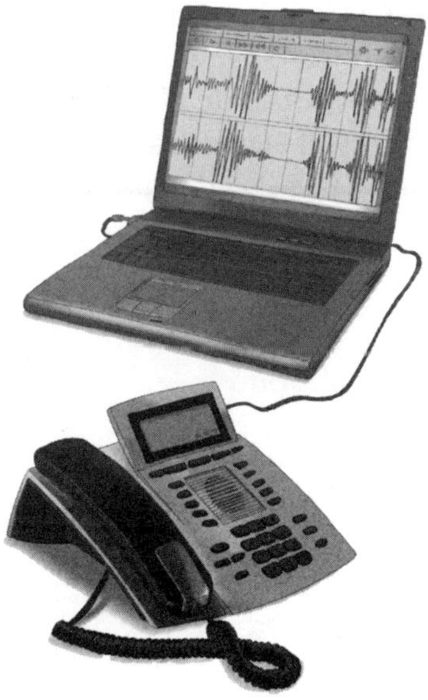

Esta pantalla muestra el patrón de voz de uno de los secuestradores.

Hoy día, los investigadores recurren a este método si tienen que vérselas con secuestradores o chantajistas.

Cuando el delincuente llama por teléfono a la víctima, la policía graba su voz.

Más tarde, cuando el malhechor es atrapado, su voz se compara con las grabaciones. Si los patrones de voz coinciden, queda probado que se trata de la misma persona.

La policía ha detenido a tres sospechosos. ¿Cuál de ellos es el secuestrador?

N.º 1

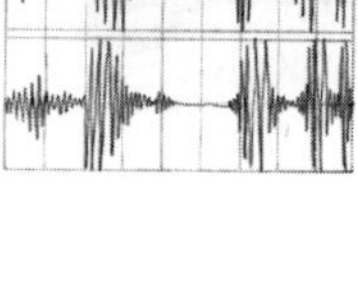

N.º 2

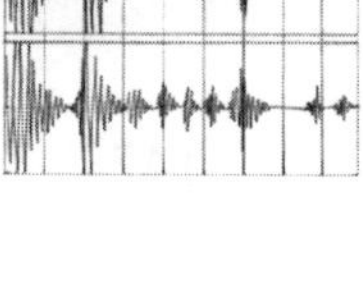

N.º 3

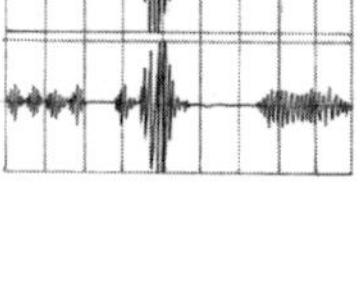

Más pistas útiles

La importancia de tener tacto

Cuando Patrick estaba encerrado en el búnker a oscuras, tuvo que utilizar el sentido del tacto para introducir la clave en el teclado. Pudo hacerlo porque las cifras estaban en relieve, y también porque la disposición de los números suele ser la misma en todos los teclados. ¿Serías tú capaz de hacer lo mismo?

Cierra los ojos, imagina el teclado de un teléfono y piensa en qué lugar está el número 1. ¿Y el 5?

Y ahora, un relato policíaco de propina

El árbol siniestro

Hacía un sol radiante, y el Equipo Tigre estaba sudando de lo lindo.

–Chicos, yo estoy más hecho para pensar que para caminar –jadeó Luk.

–¡Serás zángano! –le espetó Patrick, que siempre disfrutaba del ejercicio.

Tras una marcha interminable por el camino bordeado de matorrales, los tres amigos divisaron al fin un árbol. ¡Y menudo árbol! Era gigantesco. Para abarcar el tronco habrían hecho falta al menos diez personas.

–¡No te acerques demasiado! –le advirtió Biggi a Luk.

Él se detuvo y la miró asombrado.

–¿Por qué? Quiero sentarme a la sombra.

Biggi se encogió de hombros: estaba claro que sabía algo sobre aquel árbol, pero no le apetecía decirlo.

–¿Qué pasa? ¿Acaso es venenoso? ¿O es que sus raíces dan puntapiés? –preguntó Luk con sorna.

–Dicen que... que este árbol se traga a las personas –soltó Biggi.

Los chicos cruzaron una mirada y se echaron a reír.

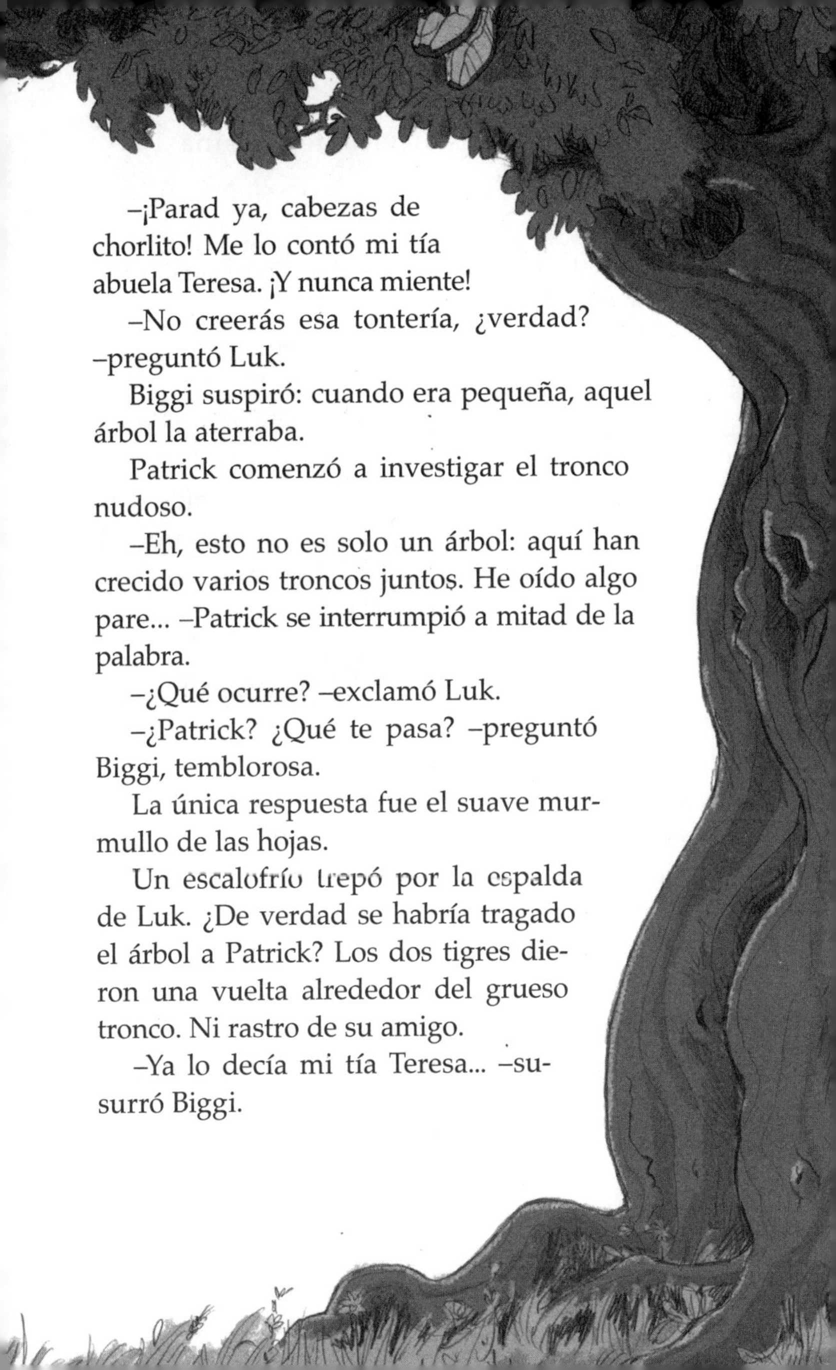

–¡Parad ya, cabezas de chorlito! Me lo contó mi tía abuela Teresa. ¡Y nunca miente!

–No creerás esa tontería, ¿verdad? –preguntó Luk.

Biggi suspiró: cuando era pequeña, aquel árbol la aterraba.

Patrick comenzó a investigar el tronco nudoso.

–Eh, esto no es solo un árbol: aquí han crecido varios troncos juntos. He oído algo pare... –Patrick se interrumpió a mitad de la palabra.

–¿Qué ocurre? –exclamó Luk.

–¿Patrick? ¿Qué te pasa? –preguntó Biggi, temblorosa.

La única respuesta fue el suave murmullo de las hojas.

Un escalofrío trepó por la espalda de Luk. ¿De verdad se habría tragado el árbol a Patrick? Los dos tigres dieron una vuelta alrededor del grueso tronco. Ni rastro de su amigo.

–Ya lo decía mi tía Teresa... –susurró Biggi.

¿Qué le ha pasado a Patrick?

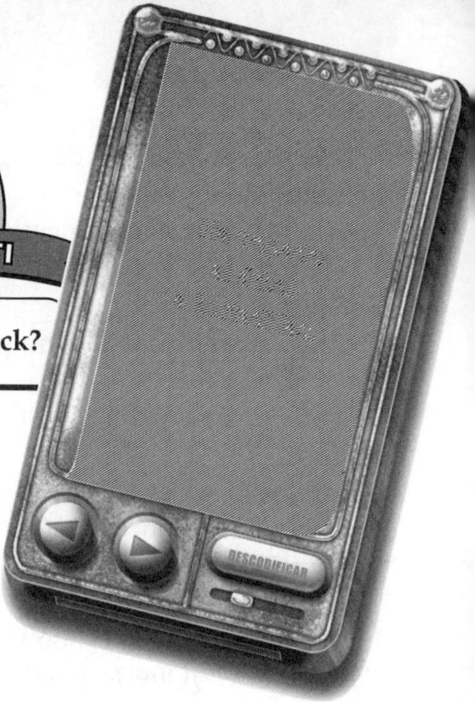

Luk se llevó un dedo a los labios: acababa de darse cuenta de lo que había sucedido con Patrick.

Biggi puso los brazos en jarras.

–¡Ja, ja, ja! ¡Muy gracioso, Patrick! –refunfuñó.

Entre las hojas apareció el rostro sonriente de su amigo.

–¡Habéis picado los dos! –comprobó, satisfecho.

Luk quiso protestar, pero lo pensó mejor: por un momento, su amigo lo había engañado.

–Biggi, ¿sabías que el tronco está hueco? –preguntó Patrick desde arriba.

–¿Hueco? Entonces es que el árbol está enfermo –opinó Biggi.

–No, no es eso. Creo que en realidad está formado por varios troncos más pequeños que han crecido dejando un hueco en medio. Aquí hay una abertura por la que puede verse el interior –explicó Patrick.

Biggi trepó hasta donde se encontraba su amigo. Luk prefirió esperar abajo.

–¿Me dejas la linterna que llevas en tu maletín? –preguntó Biggi.

Luk se la entregó y ella iluminó el agujero. El hueco era amplio y profundo. Por la abertura salía un fuerte olor a moho. Biggi se estremeció: ¿serían esas las fauces del árbol devorapersonas?

Patrick le quitó la linterna de la mano y examinó el interior del árbol.

–¡Mira, Biggi! ¡Ahí dentro hay algo!

Biggi se inclinó más. Su amigo tenía razón: allá abajo, en el fondo, había un objeto grande y cuadrado.

–Eh, ¿habéis echado raíces ahí arriba? –protestó Luk–. Deberíamos irnos: se acerca una tormenta.

Patrick hizo una mueca.

–Apura, Biggi, que nuestra niñera se impacienta.

Justo cuando Biggi y Patrick pisaban el suelo, centelleó el primer rayo. Segundos después, se oyó un estruendo y el suelo tembló. Las nubes, negras como el carbón, se amontonaban en el cielo. Empezaron a caer goterones.

–Cerca de aquí hay una granja. ¡Allí podremos refugiarnos! –exclamó Biggi echando a correr.

Apenas habían avanzado unos metros cuando la lluvia se convirtió en granizo. Los trozos de hielo, del tamaño de pelotas de golf, eran duros como piedras.

Desesperada, Biggi miró alrededor. Estaba desorientada. Al lado del camino había un indicador, pero algo lo había derribado y tenía los carteles rotos...

Cuando los miembros del Equipo Tigre llegaron a la granja, estaban calados hasta los huesos. La tormenta no amainaba, así que decidieron cobijarse en un establo. Al cabo de un rato entraron en calor y volvieron a animarse.

–¿Qué sería eso que vimos dentro del tronco? –reflexionó Biggi en voz alta.

–Tal vez alguien lo enterrara hace mucho tiempo, y haya salido a la superficie con el tiempo. ¿Os imagináis? Alguien pudo plantar los árboles alrededor para ocultarlo, y luego decidió difundir esa historia de miedo para que la gente no se acercara demasiado –elucubró Luk.

–¿Qué estáis haciendo ahí? –tronó una voz a su espalda.

Los chicos se volvieron y descubrieron en la puerta a un hombre de aspecto robusto. Cuando le explicaron por qué estaban allí, el hombre asintió y los invitó a pasar a la acogedora cocina de la casa. Alrededor de la mesa había sentados dos chicos y una mujer.

–Estos son Jürgen, Rosa y Otto, mis ayudantes –los presentó el hombre. Él mismo se llamaba Horst Grünkern y era el dueño de la granja.

Mientras tomaban té caliente y bizcocho, los tres tigres relataron su descubrimiento. El señor Grünkern los escuchó atentamente.

–Entonces resulta que es verdad... –dijo por fin, y todos le miraron con expresión interrogante–. Se supone que, hace siglos, el señor de esta región ocultó el tesoro de su familia. Desgraciadamente, murió poco después sin haber revelado el escondite.

Luk asintió.

–Seguro que es lo que vimos dentro del árbol hueco. ¡Deberíamos avisar a la policía!

Por desgracia, la línea telefónica estaba cortada a causa de la tormenta, y no paraba de llover. El señor Grünkern invitó a los tigres a echar un vistazo a las instalaciones mientras amainaba.

En la pocilga, los cerdos los saludaron con alegres gruñidos. Algunos eran tan mansos que se dejaban rascar entre las orejas.

Entretenidos, los tres amigos no se percataron de que alguien había cerrado la puerta por fuera. A través de un tragaluz cayó una bolsa de papel, que reventó al llegar al suelo. Los tigres la observaron, perplejos, y descubrieron que llevaba un premio dentro: ¡un nido de avispas!

Patrick se lanzó contra la puerta y logró abrirla de par en par. Los tres amigos salieron sin perder ni un instante.

–¿Quién nos ha gastado esa jugarreta? –resopló Biggi, furiosa.

–Tengo una sospecha –anunció Luk.

PREGUNTA PARA TI

¿Quién ha tirado el nido de avispas por el tragaluz?

–¿Por qué lo habrá hecho? –preguntó Biggi, alterada.

Luk reflexionó.

–Uf... Tal vez quisiera entretenernos para que no podamos avisar de nuestro descubrimiento. ¡Ese tipo quiere llevarse el tesoro del tronco!

Biggi se estremeció: para sacar el tesoro, Otto tendría que destruir el árbol, un monumento natural.

–Hay que detenerle. ¡No puede haber llegado muy lejos! –exclamó.

La tormenta parecía alejarse por fin, y la lluvia había aflojado. Los chicos del Equipo Tigre corrieron por los campos empapados en dirección al árbol gigante.

Ya desde lejos pudieron oír el escalofriante aullido de una motosierra.

–¡Nooo! –gritaron los tres con todas sus fuerzas.

El ruido de la motosierra cesó y fue sustituido por el rugido de un coche al ponerse en marcha. Los tres amigos frenaron y vieron un todoterreno que se alejaba a toda velocidad.

–¿Sería realmente Otto? –les preguntó Biggi a los chicos.

Ellos se encogieron de hombros.

–Tenemos que contárselo al señor Grünkern. Si no, Otto volverá a intentarlo –opinó Luk.

Así, hechos una sopa, llegaron a la granja por segunda vez en aquel día. El todoterreno estaba aparcado frente a la casa, en medio de otros dos coches.

–¿Ese todoterreno? Es de Otto. ¿Por qué? –dijo el dueño de la granja cuando Luk le preguntó por el propietario del coche.

Los tres tigres intercambiaron una mirada. Le contaron al señor Grünkern lo que había pasado y este mandó llamar al muchacho de inmediato.

Cuando Otto oyó lo que decían los tigres, lo negó todo y dijo que eran unos mentirosos.

–No tenéis ninguna prueba. ¡No he salido de la granja en ningún momento! ¡Lo juro! –exclamó.

–Eh, no jures en falso –repuso Luk–. ¡Podemos demostrar que has salido de aquí!

La demostración fue un éxito. Otto recibió una reprimenda, y el señor Grünkern amenazó con despedirlo si le sucedía algo al árbol.

Cuando los tigres pudieron contactar al fin con las autoridades, estas les aseguraron que incluirían el árbol en la lista de bienes naturales protegidos, y que le pondrían vigilancia. Mientras el árbol estuviese en pie, también permanecería allí el tesoro.

¿Cómo podía demostrar Luk que Otto había salido con el coche?

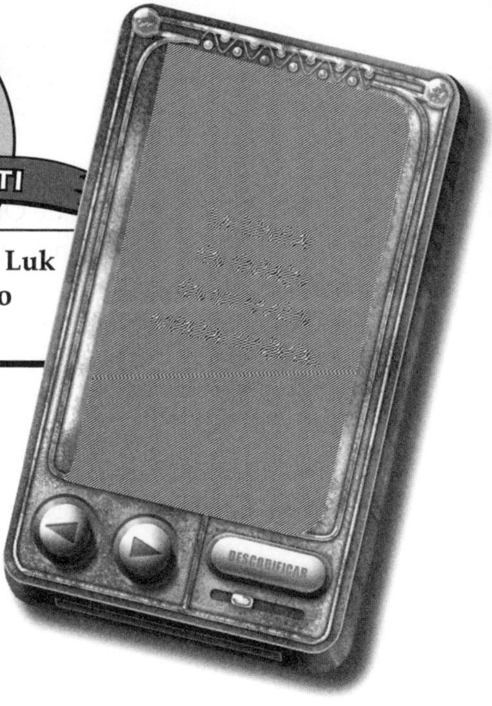

NOMBRE:

THOMAS. FAN DEL EQUIPO TIGRE.

PUNTOS FUERTES:

SIEMPRE TENGO MIL HISTORIAS EN LA CABEZA (HE ESCRITO YA MÁS DE CUATROCIENTOS LIBROS).

ME MOLA:

ESCRIBIR, ESCRIBIR, ESCRIBIR... TAMBIÉN COLECCIONAR RELOJES (TENGO UN RELOJ DE SOL DE BOLSILLO, UN RELOJ QUE FUNCIONA DEL REVÉS Y UN RELOJ PLANETARIO).

LEMA:

¡EN MARCHA! ¡POR TODAS PARTES HAY COSAS QUE DESCUBRIR!

Las novelas de Thomas C. Brezina han sido traducidas a más de treinta y cinco lenguas. Tanto es así, que en China lo han investido con el título de «maestro de las aventuras».

Escribe porque le gusta que los lectores disfruten de sus historias. ¡Le encantaría que los protagonistas de sus libros se convirtieran en esos amigos a los que los lectores siempre han querido conocer!

Desde 1996 es embajador austríaco de UNICEF, y como tal se dedica a defender los derechos de los niños en todo el mundo y a desarrollar proyectos de escolarización. En 2006 y 2007 fue elegido autor del año en Austria.

¡ACOMPAÑA AL EQUIPO TIGRE EN SUS AVENTURAS!
THOMAS C. BREZINA
UN CASO PARA TI Y EL
EQUIPO TIGRE
En el Templo de los Truenos
CON MATERIAL PARA RESOLVER ENIGMAS
sm
THOMAS C. BREZINA
UN CASO PARA TI Y EL
EQUIPO TIGRE
La máscara que escupía fuego
CON MATERIAL PARA RESOLVER ENIGMAS
sm
THOMAS C. BREZINA
UN CASO PARA TI Y EL
EQUIPO TIGRE
El fantasma del picadero
CON MATERIAL PARA RESOLVER ENIGMAS
sm
THOMAS C. BREZINA
UN CASO PARA TI Y EL
EQUIPO TIGRE
Conspiración en la Piedra del Infierno
CON MATERIAL PARA RESOLVER ENIGMAS
sm

THOMAS C. BREZINA
UN CASO PARA TI Y EL
EQUIPO TIGRE
El avión fantasma
sm
THOMAS C. BREZINA
UN CASO PARA TI Y EL
EQUIPO TIGRE
Ninjas en la oscuridad
THOMAS C. BREZINA
UN CASO PARA TI Y EL
EQUIPO TIGRE
Los caballeros robot
CON MATERIAL PARA RESOLVER ENIGMAS
THOMAS C. BREZINA
UN CASO PARA TI Y EL
EQUIPO TIGRE
Los bandidos de internet
sm
CON MATERIAL PARA RESOLVER ENIGMAS
THOMAS C. BREZINA
UN CASO PARA TI Y EL
EQUIPO TIGRE
En la Costa de los Huesos
sm
CON MATERIAL PARA RESOLVER ENIGMAS
THOMAS C. BREZINA
UN CASO PARA TI Y EL
EQUIPO TIGRE
El cementerio de los saurios
sm
CON MATERIAL PARA RESOLVER ENIGMAS

DreamWorks

Les Cinq Légendes

Le roman du film

GJ Editions

L'édition originale de cet ouvrage a paru chez Simon Spotlight, une marque de Simon and Schuster (États-Unis) sous le titre : *Rise of The Guardians : Junior Novelization*, adapté par Stacia Deutsch.

Gallimard Jeunesse, 2012

Traduction française : Cyrielle Ayakatsikas
Mise en pages : Karine Benoit